DUMONT

Margot Flügel-Anhalt
mit Titus Arnu

Über Grenzen

Freiheit kennt kein Alter

Wie ich mit 64 Jahren zum ersten Mal
auf ein Motorrad stieg und um die halbe Welt fuhr

DUMONT

Alle Schilderungen in diesem Buch basieren auf subjektiven Erinnerungen. Die Dialoge geben nicht wortwörtlich, sondern sinngemäß vergangene Gespräche wieder. Die meisten Namen und die Merkmale einzelner Personen wurden zum Schutz ihrer Privatsphäre geändert.

MIX
Papier aus verantwortungsvollen Quellen
FSC
www.fsc.org   FSC® C011712

1. Auflage 2019
© 2019 DuMont Reiseverlag, Ostfildern
Alle Rechte vorbehalten.
Text: Margot Flügel-Anhalt und Titus Arnu
Gestaltung, Satz und Produktion: Sieveking · Agentur für Kommunikation, München
Layoutkonzept: Katrin Kleinschrot, Stuttgart
Karte und Illustrationen: Diana Köhne, Hamm
Fotos: streetsfilm, Kassel, und Margot Flügel-Anhalt
Printed in Germany

ISBN 978-3-7701-6695-4

www.dumontreise.de

Für meine geliebte Mutter, die mir die Freiheit ließ,
zu werden, was ich bin.

Die Kette ist wieder aufgezogen – kein Problem für
meinen kirgisischen Helfer

INHALT

Wolgabrücke

Kasachstan

Kaspisches Meer

Usbekistan

Tian Shan

Kyzyl-Art-Pass

Kirgistan

Turkmenistan

Tadschikistan

Afghanistan

Iran

PROLOG

Alles dreht durch! Die Räder meines Motorrads drehen durch. Das Wetter dreht durch. Und ich drehe auch langsam durch. Seit Stunden quäle ich mich durch tiefen roten Matsch, der von einer dünnen Schneeschicht bedeckt ist. Meine Hose, meine Jacke und mein Helm sind überzogen von rötlichem Schlamm, der langsam gefriert. Meine Hände fühlen sich taub an. Die Temperaturen liegen unter dem Nullpunkt. Ab und zu halte ich an und fasse mit den Handschuhen an den Motor. Das wärmt die Finger. Aber stehen bleiben ist keine Option. Wenn ich zu langsam werde, bleibe ich stecken.

Ich befinde mich in gut 4000 Meter Höhe am Kyzyl-Art-Pass, einem besonders unwegsamen Teilstück des Pamir Highway, einer der abenteuerlichsten Straßen der Welt. Die schlecht ausgebaute Bergstrecke führt an der Grenze zu Tadschikistan über einen 4300 Meter hohen Pass, von dort aus geht es in die autonome Provinz Berg-Badachschan, eine Gegend, in die man laut Auswärtigem Amt auf gar keinen Fall reisen sollte. Terrorgefahr. Drogenbanden. Erdbeben. Schlammlawinen. Minenfelder. Das sind nur einige der Gefahren, mit denen es Reisende dort zu tun bekommen können.

Der Übergang von Kirgistan nach Tadschikistan ist wenig befahren, und jetzt weiß ich auch, warum. Das ist keine gut ausgebaute

11

Panoramastraße wie in den Alpen, es ist ein Albtraum. Besonders bei Bedingungen wie diesen. Schwere Regen- und Schneeschauer gehen seit Tagen über den Bergen nieder, sie verwandeln die Staubpiste in eine rötliche Schlammhölle. Auch mit einem Geländewagen wäre das eine Herausforderung, aber ich sitze auf einem Motorrad. Besser gesagt: auf einer Art Moped.

Meine Honda XR 125 L hat nur elf PS, sie wiegt 130 Kilo, dazu kommen gut 60 Kilo Gepäck und Ausrüstung. Ich selbst wiege 58 Kilo. Wenn das Motorrad wegrutscht, lande ich im Matsch und habe kaum eine Chance, mein Gefährt alleine aufzurichten. Ich habe Angst vor dem nächsten Sturz. Was ist, wenn am Moped etwas kaputtgeht und sich nicht mehr reparieren lässt? Wenn ich mich übel verletze? Ich bin nämlich nicht mehr die Jüngste. Dann wäre meine Reise, von der ich so lange geträumt habe, wahrscheinlich vorbei.

Mitten im Nichts kommt mir ein Motorradfahrer entgegen. Er taucht wie ein Geist aus dem Schneesturm auf. Die Gestalt wischt sich den Schneematsch vom Visier, mustert mich und ruft verwundert: „A *woman? Oh! Good luck!*" Wie man an den verschmierten und verbeulten Metallboxen an seinem Motorrad erkennen kann, ist er mehrmals gestürzt mit seiner vollgepackten schweren Maschine. Mir ergeht es nicht besser. Je weiter sich die Straße den Berg hinaufwindet, desto schwieriger wird es. Die Sicht ist miserabel. Ich fahre mit geöffnetem Visier, weil ich sonst kaum genügend Luft kriege in dieser Höhe. Wind und Schneefall nehmen zu. Der Vergasermotor meiner Honda mutiert langsam zum Versagermotor. Er wird wegen der dünnen Luft immer langsamer. Am Rand der Schlammpiste komme ich etwas besser voran, aber dort ist der Abgrund gefährlich nahe. Dreimal kippe ich um. Dreimal steige ich fluchend wieder auf und beiße die Zähne zusammen. Wenn sie nur nicht so klappern würden wegen der Kälte!

Zweifel nagen an mir. Warum tue ich mir das an? Hätte ich wie andere Seniorinnen meinen Ruhestand nicht schön gemütlich mit Stricken, Nordic Walking und Kaffeekränzchen verbringen können? Aber nein, ich wollte ja unbedingt auf diesem Motorrad von Hessen an den Hindukusch tuckern. Auf einem Minimotorrad, über das andere Motorradfahrer nur Witze machen. Und das, obwohl ich praktisch keine Erfahrung habe mit Motorrädern. Ich habe nicht mal einen Motorradführerschein. Mein alter grauer Lappen, ausgestellt am 16. März 1972 vom Landratsamt Tuttlingen, berechtigt mich dazu, „Verbrennungsmaschinen der Klasse drei" zu fahren, das heißt auch Motorräder bis zu 125 Kubikzentimeter. Einfach so. Einfach so? Das kann hier am Kyzyl-Art-Pass eigentlich nicht gut gehen. Habe ich einen Riesenfehler gemacht, oder war das eine der besten Entscheidungen meines Lebens? Das wird sich wahrscheinlich hinter der nächsten Kehre entscheiden.

Die dritte Panne

Die zweite Panne

Die erste Panne

Der Tag der Abreise

Die Vorbereitungen

Deutschland

Was treibt mich dazu, ausgerechnet nach Tadschikistan aufzubrechen? Neugier? Leichtsinn? Langeweile? Diese Abenteuerlust, dieses drängende Fernweh scheint mir angeboren zu sein. Ich bin schon immer gerne aufgebrochen. Die Sehnsucht nach der unbekannten Ferne überkommt mich plötzlich, unerwartet. Ein Geruch kann sie auslösen, das Geräusch eines vorbeifahrenden Autos, das Bellen eines Hundes in der Nacht. Wenn ich die Augen schließe und überlege, wann ich zum ersten Mal dieses Fernweh gespürt habe, denke ich zurück an meine Kindheit – und erinnere mich daran, wie wir mal losgefahren sind zu einem Ausflug an den Bodensee. Ich fühlte mich, als würde ich zu einer Expedition rund um die Welt aufbrechen.

Es war ein Sonntagvormittag mitten im Sommer. Der Freund meiner Mutter hatte uns eingeladen, mit seinem Mercedes an den Bodensee zu fahren, eine halbe Stunde entfernt von Tuttlingen, wo ich aufgewachsen bin. Diese Aufregung! Meine Mutter packte Essen, Trinken und eine große Decke für uns ein, wir Kinder klemmten uns auf die Rückbank, meine Mutter saß auf dem Beifahrersitz. Wir fuhren los. Es war einer dieser unbestimmten, grenzenlosen Vormittage, an denen ein leichter Dunst über den Wiesen und Wäldern liegt, eine heimliche Ahnung von Abenteuer in der schon warmen, würzigen Luft. Ich sog die Eindrücke ein und dachte an Weltreisen, fremde Kontinente, wilde Abenteuer. Mir war ein bisschen übel auf der Rückbank des Benz, aber das zählte nicht. Wir waren unterwegs.

Das Umherschweifen, Vagabundieren ist mir geblieben, weit über die Tage der Kindheit hinaus, die ich auf den Wiesen, Feldern und in den tiefen Wäldern am Rande der Schwäbischen Alb und an der Donau verbracht habe. Im Augenblick des Losgehens bin ich eine andere. Kann mich jeden Augenblick neu erfinden. Im Alltag zu Hause ziehe ich mich gerne in mein Inneres zurück, aber sobald ich in der Fremde bin, gehe ich völlig entspannt und offen auf Menschen zu. Zu riechen, zu hören, zu schmecken, zu fühlen und zu sehen, wie Menschen woanders leben, die Bedingungen kennenzulernen, unter denen sie ihr Leben gestalten, mit ihnen ins Gespräch zu kommen, zuzuhören, zu lachen, auch miteinander zu schweigen, das treibt mich an. Bergketten im Dunst am Horizont, der weite Blick über ein Meer, eine Landstraße, die im Wald verschwindet ... eine ungeahnte Leichtigkeit, ein unbestimmtes Glücksgefühl überkommt mich bei solchen Anblicken.

Ich habe 17 Jahre lang in Berlin gelebt, obwohl ich eigentlich ein Landmensch bin. 1993 bin ich mit meiner Familie nach Nordhessen gezogen, meine erwachsenen Söhne Philip und Imo kommen mich immer gerne dort besuchen. Jeden Morgen laufe ich barfuß durch die taubedeckte Wiese den Berg hinter meinem Haus hoch. Ich füttere die Katzen des halben Dorfes, von meiner Terrasse aus kann ich den Rehen am Waldrand beim Äsen zuschauen. Freiwillig werde ich nie mehr in eine Großstadt ziehen. Große Menschenansammlungen, Verkehr und Lärm ertrage ich inzwischen nur noch schwer.

58 Einwohner, Felder, Hügel, Wald, Windräder, Fachwerkhäuser, Bauernhöfe, eine kleine Kirche – Thurnhosbach wirkt beschaulich, und das Leben in diesem stillen Winkel Nordhessens, im ehemaligen Zonenrandgebiet an der Grenze zu Thüringen, ist tatsächlich sehr angenehm. Ich fühle mich wohl hier, ich mag die Menschen hier, bin verwurzelt in meinem Leben, habe viele ehrenamtliche Aufgaben übernommen, treibe Sport, bin Mitglied in verschiedenen Vereinen und seit einigen Jahren auch Ortsvorsteherin unseres Dorfes. Trotzdem zieht es mich immer wieder weg. Besonders jetzt, am Ende meiner Berufslaufbahn.

Schon als Kind bin ich immer gerne aufgebrochen, bin alleine durch den Wald und über Wiesen gelaufen. Als Jugendliche bin ich mit dem Fahrrad durch die Schweiz gefahren. Ich glaube, das ist für mich eine Grundhaltung im Leben. Ich will über den nächsten Berg gehen, um zu sehen, was dort passiert. Seit 2008 bin ich immer wieder auf Fernwanderwegen in Europa unterwegs gewesen – auf dem Jakobsweg nach Spanien, über die Alpen, auf dem E3 in Richtung Istanbul. Immer in Etappen, denn während meiner Berufstätigkeit im Rathaus in Eschwege konnte ich immer nur drei bis maximal sechs Wochen am Stück Urlaub nehmen.

Ich habe als Sozialpädagogin im öffentlichen Dienst gearbeitet, habe meinen Job geliebt, aber kurz vor meiner Pensionierung wurde mein Freiheitsbedürfnis immer stärker. Ich wollte endlich mal lange unterwegs sein, ohne nach kurzer Zeit wieder an den Schreibtisch zurückkehren zu müssen. Deshalb habe ich mich entschieden, Altersteilzeit zu beantragen, früher auszuscheiden aus dem öffentlichen Dienst – zugunsten meiner Freiheit. Ich will nicht stricken und backen, ich will Abenteuer erleben. Schließlich bin ich erst 64, und Freiheit kennt kein Alter.

An meinen letzten Arbeitstag erinnere ich mich nicht besonders gerne. Ich bin nicht so der Typ für großartige Abschiedspartys. Also gingen Bürgermeister, Vorgesetzter und Kolleginnen und Kollegen bald nach der offiziellen Verabschiedung nach Hause. Dann saß ich noch lange mit den Putzfrauen zusammen und fing endlich an, mich wohlzufühlen. Als kommunale Frauenbeauftragte hatte ich immer wieder mit ihren Beschwerden und Problemen zu tun gehabt. Wir kannten uns. So wurde es doch noch ein friedlicher Nachmittag.

Doch die Schwerfälligkeit einer alten Bürokratie, die Langatmigkeit von Prozessen war in all den Jahren so erdrückend und belastend für mich geworden, dass ich keinen Tag länger mehr dort sein wollte. Als ich den Rathausschlüssel in den Briefkasten warf, war mein 24 Jahre währender Dienst zu Ende. Ich war platt. Fertig. Wochenlang wie gelähmt. Erst als ich mich zwang, die Vorbereitungen für die geplante Reise aufzunehmen, erholte ich mich von den anstrengenden letzten Wochen im Amt.

Im Basislager, so bezeichne ich mein Haus und den großen Garten im Nordhessischen Bergland, bereite ich mich nun auf die Reise vor. Auf dem großen runden Tisch im Wohnzimmer liegen alle Dinge, die ich mitnehmen möchte. Ich gehe alles durch, was noch erledigt werden muss.

Die tägliche Post, die in meinem Briefkasten landet, die Termine, die ich als rechtliche Betreuerin noch immer wahrnehme trotz „Altersteilzeitfreizeitphase" (ja, so steht's im Gesetz), die Ehrenämter … all das werde ich nicht vermissen.

Im Garten wachsen überwiegend Kräuter, die nehmen mir die lange Zeit der Abwesenheit nicht übel. Die Himbeeren werde ich in diesem Jahr nicht reifen sehen und ernten können. Hier noch den Weg zum Gießen für die liebe Nachbarin freischneiden. Dort noch üppig wuchernde Stauden zusammenbinden. Mehr ist nicht zu tun. Die Dorfkatzen, die täglich bei mir vorbeikommen, um sich eine Ration Futter für den Tag abzuholen, werde ich sehr vermissen. Mein weißes, frisch bezogenes Bett im stillen Schlafzimmer wird mir fehlen. Und das saubere Wasser, das ich direkt aus dem Wasserhahn trinken kann. Ich kenne die Quelle, aus der wir unser Wasser beziehen. Sie liegt direkt hinterm Dorf am Berghang.

Das Aufbrechen ist für mich leichter möglich, weil ich alleine lebe. Ich war zweimal verheiratet. Habe meine große Liebe getroffen. Mein erster Ehemann ist einige Jahre nach unserer Scheidung an der Krankheit ALS (Amyotrophe Lateralsklerose) gestorben, einer nicht heilbaren, degenerativen Erkrankung des motorischen Nervensystems. Meine große Liebe starb an Herzkammerflimmern. Nach dem plötzlichen Tod trauerte ich. Jahr um Jahr. Ich begann, auf dem Jakobsweg zu pilgern. Von Eisenach nach Santiago de Compostela. In mehreren Etappen, da ich noch tief im Berufsleben steckte. Manchmal habe ich den Weg vor meinen Füßen nicht gesehen vor Tränen. Unterwegs konnte ich meinen Gefühlen ungehinderten Lauf lassen. Einmal, als ich wieder durch ein Jammertal wanderte, hörte ich eine Stimme. „Was weinst du nur so furchtbar?", säuselte es schräg über mir in den Baumkronen. „Du gehst nicht allein." War das der Wind, den ich gehört hatte? War ich bereits so dehydriert, dass ich Wahnvorstellungen hatte? Dann plötzlich konnte ich fühlen, was die Stimme mir gesagt hatte. Ich bin nicht allein. Ich bin aufgehoben. Von diesem Augenblick an wurde meine Trauer erträglich. Die Tränen versiegten nach und nach.

Im Sommer 2017 wollte ich dann mit einem Muli nach Osten ziehen. Die Idee zu dieser Wanderung war mir bei einer Reise mit der Transsibirischen Eisenbahn in die Mongolei gekommen. Ich stellte mir vor, wie ich mit einem beladenen Maultier durch die sibirische Steppe ziehen würde. Doch woher sollte ich so ein Lasttier nehmen? Ich erkundigte mich bei der Bundeswehr, Abteilung Tragtierwesen. An das kuriose Telefonat erinnere ich mich, als wäre es gestern gewesen:

„Sie wollen *was*?"

„Ich möchte bitte jemanden sprechen, der für pensionierte Mulis zuständig ist."

„Pensionierte Mulis? Sie sind hier bei der Bundeswehr in Bad Reichenhall gelandet, bei den Gebirgsjägern."

„Genau. Sie haben doch Mulis? Maultiere. Sie wissen schon."

„Moment, dafür bin ich nicht zuständig. Ich verbinde Sie mit der Abteilung Tragtierwesen."

Ein Knacken in der Leitung. Es hört sich an, als würde ein Muli Haselnüsse zertreten.

„Mulis im Ruhestand? Dazu darf ich nichts sagen."

Offenbar ist die Ruhestandsregelung für Maultiere im Dienst der Bundeswehr ein hochsensibles Thema. Militärisches Geheimnis und so. Mein nächster Gesprächspartner kann oder will mir auch nicht weiterhelfen. Er sei nicht befugt, etwas über die Pensionierung von Mulis zu sagen.

Schließlich habe ich einen Oberfeldwebel am Apparat, der offenkundig auch Oberbefehlshaber aller diensthabenden und pensionierten Militärmulis Deutschlands ist. Ich versuche, ihm mein Anliegen näherzubringen. Es klingt, zugegeben, leicht übergeschnappt.

„Ich würde gerne ein bei der Bundeswehr ausgebildetes und außer Dienst gestelltes Muli übernehmen. Adoptieren oder abkaufen, egal."

„Darf ich fragen, wozu?"

„Ich möchte mit ihm durch Russland wandern."

Stille am anderen Ende der Leitung. Ich befürchte, der Oberfeldwebel legt einfach auf, weil er das Ganze für einen Telefonstreich hält. Eine Seniorin marschiert mit einem Seniorenmuli durch Russland? Das klingt wie ein sehr schlechter Witz. Nach versteckter Kamera. Doch der Mann legt nicht auf. Er lacht auch nicht. Er sagt ganz ernst:

„Es tut mir wahnsinnig leid, aber wenn bei uns Maultiere aus dem Dienst ausscheiden, wandern sie nirgendwo mehr hin. Dann sind sie wirklich müde und haben ihren Ruhestand verdient."

„Ach."

Damit war der Plan mit dem Maultier gestorben.

Die Idee, ein Motorrad als Muliersatz zu nehmen, kam dann von meinem Sohn Philip. Er arbeitet in der Hotelbranche und lebt alle paar Jahre woanders, zurzeit in Bangkok. Er ist ein Motorradfan und besitzt mehrere große, sehr schnelle Maschinen.

Es ist eine bizarre Vorstellung für mich: ich auf einem Motorrad?

„Ich habe doch gar keinen Führerschein!"

„Doch, mit deinem alten Lappen darfst du eine 125er fahren."

Ich bin äußerst skeptisch, denn ich weiß, wie gefährlich es ist, mit dem Motorrad unterwegs zu sein. Philip hat mehrere schwere Unfälle hinter sich, unverschuldet, und fährt für meinen Geschmack oft wahnsinnig schnell. Viel zu schnell! Der Horror für eine Mutter. Und jetzt soll ich selbst auf so ein Ding steigen? „Ich habe doch null Ahnung und bin noch nie selbst gefahren!"

Philip bestellt einfach ohne weitere Diskussion eine Honda XR 125 L für mich, für 1800 Euro. 11 PS, Höchstgeschwindigkeit 100 Stundenkilometer. Ich habe sie vorher nicht angeschaut oder ausprobiert, ein Lieferdienst bringt sie einfach vorbei. Mein erster Gedanke: „Oh Gott, das wird nie was mit mir und diesem Ding!"

Ich fahre mit dem Motorrad einmal auf dem Hof vor unserem

Haus im Kreis – und falle sofort um. Um nicht zu verunglücken, nehme ich ein paar Fahrstunden, allerdings ohne die Prüfung zu machen. Irgendwann wagt der Fahrlehrer sich in den Verkehr mit mir. Den halte ich erfolgreich auf. Ich übe und übe: Gefahrenbremsungen, Kurven, immer wieder die steile Einfahrt vor dem Haus hoch und runter. Die Honda XR 125 L hat grobe Stollenreifen, eine Sitzhöhe von 83 Zentimetern, einen breiten Lenker und einen großen Federweg, sodass man aufrecht sitzt und durch Schlaglöcher fahren kann, ohne gleich Probleme zu kriegen. Eigentlich ist sie ein paar Zentimeter zu hoch für mich, ich komme kaum auf den Boden mit dem Fuß. Nach einer kurzen Eingewöhnungsphase ist die Maschine mir dann doch sehr sympathisch geworden, gerade weil sie so einfach, leicht und technisch überschaubar wirkt.

Nach zehn Fahrstunden scheine ich ausreichend Fahrpraxis zu haben, ergänze diese durch Alleinfahrten im Hessischen Bergland und unternehme die erste große Tour gemeinsam mit meinem Sohn nach Schottland. Ich bin nun 4000 Kilometer mit der Enduro gefahren – und entscheide mich, gen Osten aufzubrechen. Nicht nach Thüringen. Sehr, sehr weit nach Osten.

Mai 2018

Ich träume schon länger vom Pamir Highway. Diese Piste scheint für Fernreisende gemacht zu sein, die sich von nichts abschrecken lassen. Sie führt von Osch in Kirgistan über 728 Kilometer durch das Pamir-Gebirge bis nach Khorugh in der tadschikischen Region Berg-Badachschan. Es ist eine wilde, abenteuerliche, manchmal auch gefährliche Gegend – und so atemberaubend schön, dass es sich meiner Meinung nach lohnt, ein gewisses Risiko einzugehen und Entbehrungen auf mich zu nehmen.

Ich sehne mich danach, die eisigen Gipfel des Hindukusch mit eigenen Augen zu sehen, die sich auf der afghanischen Seite des

Wakhan-Korridors bis auf 7708 Meter Höhe in die klare Luft erheben. Draußen sein, im Gebirge, weit weg von all den Annehmlichkeiten eines westeuropäischen Lebens – das ist ein Herzenswunsch von mir. Ich will auf dem Boden schlafen, auf Decken, die im Schnee gereinigt werden. Die Menschen, die dort leben, kennenlernen. Den Geistern wiederbegegnen, die ich in den Bergen des Terelsch-Nationalparks in der Mongolei getroffen habe, wo ich vor einigen Jahren mal war. Beim Blick auf die Landkarte höre ich bereits die Wolga rauschen, die ich bei der Reise durch Russland überqueren will. Ich spreche die exotischen Namen der Flüsse aus, an denen meine Route vorbeiführt: Syrdarja, ein Fluss bei Qysylorda in Kasachstan. Amudarja, der durch Tadschikistan, Usbekistan und Turkmenistan fließt. Früher mündete der Amudarja in den Aralsee, heute versickert er in den Wüsten. Wie faszinierend sie klingen, diese Namen: nach Ferne, nach Abenteuer, nach Freiheit …

Es ist, zugegeben, ein leicht wahnsinniger Plan: mit der kleinen Enduro als Fahranfängerin nach Zentralasien. Auf einer der schwierigsten Straßen der Welt, durch Krisenregionen, über mehr als 4000 Meter hohe Pässe. Alleine. Als Frau. Einige Bedenkenträger rümpfen die Nase. Und ich frage mich irgendwann selbst: Bist du eigentlich völlig verrückt geworden? Mallorca wäre doch auch okay. Ja, eine schöne Insel! Doch ich will etwas anderes. Ich suche die Herausforderung. Ich will mich spüren. Und kurz vor der Abfahrt stellt sich das Gefühl, wirklich zu leben, mit einer solchen Wucht ein, dass es mich umhaut. Dafür ist mir jeder Aufbruch recht.

Wochen- und monatelang habe ich geplant und organisiert. Ich habe in Internetforen recherchiert, Reiseführer studiert, Karten gekauft, Navigationsprogramme auf mein Handy geladen. Dann stand die Route fest: über Polen, die Ukraine, Russland und Kasachstan zum Pamir Highway, der zweithöchsten Fernstraße der Welt. Mit insgesamt 1252 Kilometern schafft der Pamir Highway eine Verbindung zwischen der kirgisischen Stadt Osch und Duschanbe, der Hauptstadt Tadschikistans. Er überquert auf seinem höchsten Punkt den 4655 Meter hohen Ak-Baital-Pass. Weiter will ich über die autonome Provinz Berg-Badachschan, Usbekistan, Turkmenistan, Iran, Türkei und dann wieder zurück nach Europa.

In den Nächten vor der Abfahrt liege ich wach. Ich mache mir Sorgen. Werde ich jemanden finden, der mir einen Reifen wechseln kann, wenn der Schlauch platt ist? Wird mir jemand dabei helfen, den Reifen auf die Felge zu ziehen? Werde ich das richtige Material und Werkzeug zum Beheben von Pannen dabeihaben? Werde ich nachts einen sicheren Platz zum Schlafen finden? Wird der unkoordinierte Verkehr in den Ländern, durch die ich reise, mir Schwierigkeiten bereiten? Werden die politischen Konflikte in diesen Ländern Einfluss haben auf mein Vorankommen? Wird die Visumagentur in Berlin alle Visa ordnungsgemäß und fristgerecht in meinen Pass bekommen, wenn sie noch nicht einmal wissen, dass Turkmenistan erst dann sein Visum erteilt, wenn das iranische bereits im Pass ist, weil der Iran in diesem Falle mein Zielland ist? Wie wird es sich anfühlen, in den kasachischen Weiten nachts in meinem Zelt zu liegen, dem Wind draußen zuzuhören und das Heulen der Wölfe zu erahnen?

Meine Ausrüstung liegt neben den Packtaschen bereit, immer wieder habe ich Dinge aussortiert, auf die ich verzichten kann. Insgesamt kommen 60 Kilo an Zeug zusammen, das ist etwas mehr, als ich selbst wiege. Die Liste ist lang: Benzinkocher, Kochgeschirr, Zelt, Schlafsack, Ersatzschläuche, Werkzeug, Kleidung sowohl für 40 Grad im Iran als auch für Minusgrade in den Bergen Tadschikistans, Karten, Reiseführer und so weiter. Dazu kommen noch zehn Kilo an Kameraequipment, Akkus und Kabeln. Denn ich habe vor, unterwegs viel zu filmen und zu fotografieren. Das habe ich Johannes und Paul versprochen.

Johannes Meier ist evangelischer Pfarrer, er war von 2007 bis 2015 Gemeindepfarrer in Sontra und Thurnhosbach. Nun hat er einen anderen Job bei der Kirche in Kassel, arbeitet auch als Autor und Filmemacher, und als er von meinem Plan hört, überredet er mich, mit ihm zusammen einen Dokumentarfilm über die Reise zu machen. Johannes und Paul Hartmann kenne ich vom „Jungen Theater" in Eschwege, dort habe ich öfter mal in Stücken mitgespielt und führe Regie. Die beiden wollen nach Tadschikistan und Iran kommen und mich eine Zeit lang begleiten. Den Rest der Zeit filme ich selbst mit dem Handy und der GoPro. Ich werde beinahe vier Monate unterwegs sein, so viel Zeit haben die beiden selbstverständlich nicht.

Motorradbasteln ist eigentlich nicht mein Hobby. Deshalb suche ich im Vorfeld der Reise noch Rat bei Fritz, einem Freund, der Motorradfahrer ist:

„Kannst du mir kurzfristig beibringen, wie man einen Ölwechsel macht und eine Zündkerze am Motorrad wechselt?"

„Äh, warum?"

„Ich habe jetzt ein Motorrad und will damit nach Zentralasien fahren. Allein."

Kurzes Schweigen am anderen Ende der Leitung.

„Okay ... wann soll's denn losgehen?"

„Ungefähr übermorgen."

Wieder ein paar Schocksekunden lang Pause. Wahrscheinlich denkt er, die Alte ist jetzt total übergeschnappt.

„Tut mir leid, die nächsten Tage habe ich keine Zeit."

Gut, dann lese ich halt das Handbuch der Honda durch. Da steht eigentlich alles drin, was bei der Wartung wichtig ist. Das kann ja wohl nicht so schwer sein, oder? Zur Sicherheit besorge ich mir noch zwei Ersatzbremshebel, weil ich in entsprechenden Foren gelesen habe, dass die Hebel bei Stürzen schnell mal abbrechen. Alle notwendigen Impfungen habe ich rechtzeitig auffrischen lassen: Hepatitis, Tollwut, Typhus, Tetanus.

Für das Motorrad habe ich bereits alle notwendigen Papiere, zusammengefasst im „Carnet de Passage", einem Heft mit 24 Seiten, das ich für die Einreise in den Iran brauche. Dieses dicke gelbe Heft darf ich nie verlieren. Nur wenn ich dieses Heft mit dem Motorrad zusammen wieder nach Deutschland zurückbringe, habe ich den Beweis, dass die Maschine unterwegs nicht verkauft worden ist. Und nur dann gibt es die Kaution zurück – happige 3000 Euro habe ich dafür hinterlegt.

Ich habe alle Visa für die Länder in Zentralasien, jetzt warte ich nur noch auf das Visum für den Iran. Der Antrag liegt bei der Botschaft in Berlin. Endlich kommt der Pass an, per Overnight-Kurier. Alles scheint zu stimmen, nur kommt mir die Frau auf dem Passbild ziemlich unbekannt vor. Sie trägt ein blaues Kopftuch und sieht komplett anders aus. Das bin doch nicht ich! Offenbar wurde das Foto mit dem einer anderen Reisenden verwechselt. Hektisch rufe ich bei der Visumagentur an. Die gibt mir einen unbürokratischen Rat: „Fahren Sie einfach trotzdem. Es wird schon keinem auffallen." Ob für ihn wohl Frauen ab einem gewissen Alter alle gleich aussehen? Na gut, ich werde unterwegs üben, so auszusehen wie die Dame mit dem Kopftuch, und hoffen, dass es an der iranischen Grenze niemandem auffällt.

Die Tage vor der Abreise sind der reine Horror. Das falsche Passbild ist nur ein kleines Problem. Meine Sorgen gehen in eine andere Richtung. Ich sehe in der Nacht Felsbrocken auf mich niederstürzen. Ich stelle mir vor, wie ein Attentat passiert. Ich sehe mich mit zerfetzten Reifen irgendwo in der kasachischen Steppe liegen. Ich lasse es zu, dass all diese Horrorvisionen über mich hereinbrechen. Irgendwann bin ich innerlich so weit zu sagen: Wenn ich sterbe, ist es halt so. Alles ist gut, alles ist geregelt. Meine Kinder wissen, dass ich sie liebe und wo das Testament liegt. Endlich werde ich ruhig, schlafe langsam ein, lasse los. Ich bin bereit.

26. Mai

Im Vergleich zu den ganzen Vorbereitungen ist Losfahren einfach. Und befreiend. Endlich unterwegs! Am Morgen der Abreise bin ich ruhig. Alles fühlt sich perfekt an. Ich schnalle die Packtaschen aufs Motorrad, befestige die Tanktasche vor mir, setze mich auf mein Reisemoped und will losfahren – und als Erstes fällt mir die Tanktasche herunter. Ungeheuer professionell. Beim zweiten Versuch klappt es dann. Der Abschied von Haus, Hof, Garten und Katzen fällt mir leicht, weiß ich alles doch gut versorgt. Bei der letzten Umarmung mit meinem Sohn Phil werden mir die Knie dann doch etwas weich; man weiß eigentlich nie, ob man sich je wiedersieht – selbst bei einer Fahrt zum Einkaufen in den nächsten Supermarkt. Und nun will ich so weit wegfahren, in schwierige Gegenden mit schwierigen Pisten und komplizierten politischen Strukturen … Normalerweise sind es ja die Kinder, die aufbrechen, und nicht die Alten. Phil drückt mich fest an sich. Wir schweigen. Es wird alles gut gehen. Ich bin sehr zuversichtlich, dass ich zurückkomme. Ich rolle langsam die steile Einfahrt hinunter – und bin endlich unterwegs. Alle Sorgen, Ängste und Bedenken sind wie weggeblasen.

Es ist sehr warm, die Meteorologen sprechen mal wieder von einem Jahrhundertsommer. Wenn ich an einer Ampel stehe, komme ich schnell ins Schwitzen. Ich trage die komplette Schutzkleidung mit allen Protektoren. Sie ist zwar aus atmungsaktivem Material, bei 30 Grad im Schatten bin ich trotzdem sofort patschnass geschwitzt. Ich habe Lederhandschuhe an, einen Nierengurt, eine Staubmaske, eine dicke Hose, Kniestrümpfe, eine dicke Jacke und Stiefel. Solange ich fahre, ist es erträglich, der Fahrtwind ist sehr angenehm. Die ersten 200 Kilometer laufen prima, ich fahre gemütlich auf der rechten Spur der Autobahn dahin. Manchmal schaffe ich es, einen Lastwagen zu überholen, doch besonders schnell bin ich nicht. Mit Gepäck erreicht mein Reisemoped maximal 100 Stundenkilometer, bei Gegenwind nur 80 bis 90. Aber das macht mir nichts aus, ich fahre gerne langsam, und ich fahre gerne geradeaus. Ich bin nicht so der Kurventyp. Nach 200 Kilometern ist mein erstes Ziel erreicht, ein gemütliches Hotel in Gera.

27. Mai // Gera // 207 km

Gleich hinter Gera macht mein Motorrad zum ersten Mal schlapp. Es wird plötzlich langsamer und geht aus, einfach so, ohne Vorwarnung. Ich fummele am Motor herum, versuche zu starten, nichts hilft. Also rufe ich den ADAC an. Der Abschlepplaster kommt, der ADAC-Mann hört sich stumm meine Geschichte an. Seine professionelle Einschätzung der Lage:

„Da kann man nichts machen."

Toll. So weit war ich auch schon.

„Ich bringe das Motorrad in eine Werkstatt."

Der Mann schiebt das Zweirad auf die Rampe, während ich mit meinem Handy auf dem Randstreifen stehe und eine Nachricht an meine Familie schreibe. Plötzlich fängt der Abschleppwagen an zu rollen! Die Autobahn ist an der Stelle etwas abschüssig. Der ADAC-Mann muss dem Laster hinterherrennen, springt in das rollende

Fahrzeug – und kann gerade noch rechtzeitig die Fußbremse betätigen.

„Ein Konstruktionsfehler", das passiere öfter mal bei diesem Modell, erklärt er mir, während ich neben ihm im Abschleppwagen sitze und er mich und mein Motorrad zur Werkstatt bringt. In meinen Angstvorstellungen vor der Abreise haben finstere Taliban, metertiefe Schlaglöcher und gähnende Abgründe am Hindukusch eine gewisse Rolle gespielt, aber ganz bestimmt nicht der deutsche ADAC. Auf diese lebensgefährliche Szene wäre ich in meinen wildesten Fantasien nicht gekommen.

Also zurück nach Gera. In der Werkstatt tauscht ein freundlicher Mechaniker den Benzinfilter, der vor der Reise eingebaut wurde, gegen einen normalen Benzinschlauch. Am Sonntagabend! Hoffentlich behebt die Reparatur das Problem.

Gut zu wissen, dass Freunde und Verwandte an mich denken und mir die Daumen drücken. Per Mail und über meinen Blog erreichen mich seit meiner Abfahrt gute Wünsche.

„Gute Reise, Du mutige Frau. Mögen gute Energien Dich begleiten und Dir schöne Momente bereiten. Werde Deine Reise voller Respekt vor Deinem Mut verfolgen. Ganz herzliche Grüße." (Thekla Rotermund-Capar, Frauen- und Gleichstellungsbeauftragte im Werra-Meissner-Kreis)

„Meine liebste und geliebte Schwester! Ich wünsche dir alles Gute auf deinem Weg. Weiß bitte, dass, egal, wo du welches Problem hast, ich da bin."
(Mein Halbbruder Ben)

„Du Irre, alles Gute!"
(Noch mal mein Halbbruder Ben)

Meine Enduro ist schon wieder stehen geblieben. Dieses Mal ganz kurz vor der Grenze nach Polen. Der Luftfilter ist offensichtlich nicht das Problem gewesen. Ein freundlicher Pole bleibt stehen, rüttelt und schüttelt das Motorrad. Das hilft. Bis drei Kilometer hinter der Grenze. Da bleibt das blöde Ding wieder stehen. Zwei Männer vom polnischen Grenzschutz kommen und beobachten mich skeptisch. Ich rufe wieder den ADAC. Wieder in die Werkstatt. Ein mitleidiger Mechaniker bastelt mir ein Kabel, es soll dafür sorgen, dass mehr Luft ins Benzin gelangt. Eine mechanische Ursache für das Problem finden sie nicht. Ich bin erst drei Tage unterwegs, habe gerade mal 200 Kilometer zurückgelegt und schaffe es irgendwie nicht, von der deutsch-polnischen Grenze wegzukommen. Ein Witz.

Meinen Söhnen ist nicht zum Lachen zumute, als ich ihnen berichte, wie weit ich bisher gekommen bin. Während der ganzen desaströsen Pannenserie kommuniziere ich über die Familiennotgruppe über WhatsApp mit meinen beiden Söhnen und meiner Schwiegertochter. Sie sind sozusagen neben mir bei dieser Tour und leiden mit, wenn es düster aussieht, helfen mit Trost, Aufmunterung und Problemlösungsvorschlägen. Halten mit mir durch. Sie betreiben Ursachenforschung und raten mir zu einer anderen Zündkerze.

„Hast du den Choke richtig geschlossen?", fragt mein Jüngster, Philip. Diese Vergaserklappe reduziert beim Kaltstart die Luftzufuhr, und wenn man versäumt, den Choke nach ein paar Minuten wieder zu schließen, säuft der Motor ab. Ich habe das am Anfang meiner Mopedkarriere öfter mal vergessen.

„Du hast bestimmt den Tank leer gefahren!", vermutet mein Ältester, Imo.

„Äh nein, eigentlich nicht", antworte ich schwach. „Und auch die Zündkerze für lange Fahrten mit einem hohen Wärmewert ist eigentlich richtig."

„Beschreibe genau, was passiert ist!", fordert Imo. Er geht systematisch an die Sache ran. „Mutter!", poltert Philip. Das sagt er immer so, wenn ihm nichts anderes mehr einfällt.

Abends lade ich für das Filmteam die Pannenszenen hoch, die ich mit dem Handy aufgenommen habe. Paul und Johannes haben mir kurz vor der Abfahrt einen Crashkurs im Filmen gegeben. Trotzdem drehe ich die ersten Szenen in Polen aus Versehen im Hochformat. Na ja, drei Tage vor der Abreise hat man eben was anderes im Kopf als einen Grundkurs Filmkunst. Filmaufnahmen mit Handys und kleinen Actionkameras waren mir bis zu dem Zeitpunkt völlig unbekannt.

Thurnhosbach – Idylle in Nordhessen

Letzte Handgriffe vor der Abfahrt

Endlich! Der Aufbruch!

Auf der A4 bei Gera scheitere ich zum ersten Mal mit der Honda

In einer Werk-
statt versucht
man mir trotz
Sonntag zu helfen

ADAC–Rettungsversuche bei Gera

Mit meinem „grauen Lappen" kann ich
die 125er fahren

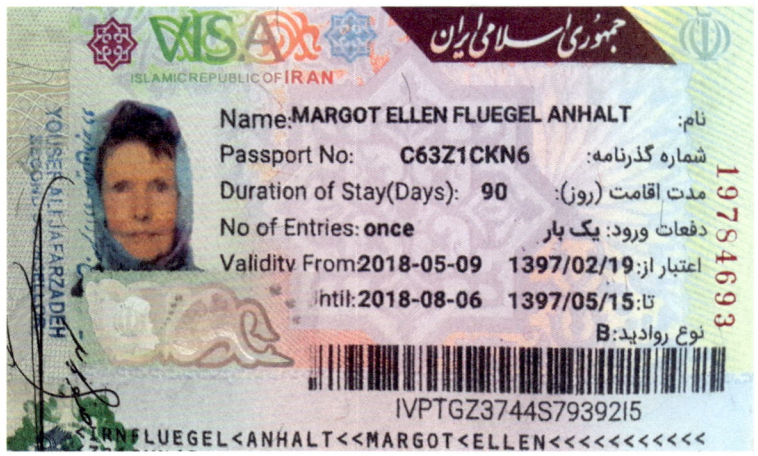

Im iranischen Visum finde ich das Foto einer
anderen Frau. Ich fahre trotzdem los …

Losgefahren! Endlich! Tag 1

Nach all dem Fragen und Tun.   26.05.2018
Den heftigen Emotionen.   Samstag
Dem Abschied von Philip.   Km Stand 0
Heftig!   (8573,8)
Denn, wenn er in 2 oder 3 Monaten Temperatur 22°
nach Bangkok gehen würde,
werden wir uns länger nicht
mehr sehen.   Wetter 22° Sonne
Russil sogleid die neue Reise
vorbereiten mit dem AG allroad   Streckenverlauf
nach Asien.
                                 Sontra-Thurnhosb.
Im Grabe viel Gepäck. Das Rad   Heldenstein(?)
ist wesentlich schwerer als damals Jena
nach Schottland.
Droht immer wieder mal umzu-   Erfurt
fallen.
Das ist Stress pur denn dann   Hernsdorfe(?)
muss ich alles abladen und   Kreuz
die Honda hochwuchten,
wenn niemand in der Nähe ist,   Gera
der mir hilft.   Apart Hotel
Abgesehen von den möglichen
Schäden an den Hebeln usw.

Bissi erschöpft bin ich. Von der
langen Vorbereitungszeit. Des   Ü: Apart Hotel
vielen Arbeit alles zu regeln.   Gera Hofer Str. 12d
                                 T. 0365' 82150
Warum man sich wohl immer   Ausgaben 47,80€
so viel auflädt und ans Bein   Benzin 8,00€
bindet?   Hotel 33,00€

Die Konten + Finanzen werden gut Abendem
versorgt sein. Brigitte ist echt Frühstück 6,80€
ein Goldschatz!
                                 Technik (Text)
Stephan wird mit den Betreuungen klarkommen.

„... warum man sich wohl immer so viel auflädt ..."

Tagebuchauszug vom Aufbruch

Der Bikergruß

Die erste Staubpiste

Irrfahrt nach Tschernobyl

Polen & Ukraine

■ POLEN

29. Mai // Legnica // 589 km

Am nächsten Tag das gleiche Spiel. Das Moped springt an, fährt ein paar Kilometer, wird plötzlich langsamer und geht aus. Diesmal auf einer steilen und schrägen Autobahnauffahrt in brüllender Hitze, es ist 30 Grad warm. Ich schaffe es nicht, die Enduro auf den Ständer zu stellen und abzusteigen. Wir rutschen beide in die Böschung. Ich bin schon fast am Boden zerstört – und will aufgeben. War nicht doch alles eine Schnapsidee?

Ich stehe in voller Montur in der prallen Sonne, fühle mich schwach und verzweifelt. Vor allem findet niemand die Ursache für das Problem an der Honda. Ich habe das Gefühl, dass die Typen in den Werkstätten sich nicht mit dieser Maschine beschäftigen wollen und vor allem auch nicht mit dieser irren Frau, die den Plan hat, mit diesem kaputten Moped nach Zentralasien zu fahren. Diese Idee, das merke ich schnell, finden sie nur so mittelgut, vorsichtig ausgedrückt.

Ich bin nicht verletzt, es ist kein Unfall, aber irgendwie komme ich so nicht weiter. Meine Gedanken rasen: Ist es vielleicht doch das falsche Motorrad? Soll ich meinen fahrbaren Untersatz zurückbringen lassen nach Thurnhosbach und irgendwie anders weiterreisen? Mit dem Rucksack in öffentlichen Verkehrsmitteln? Gibt es öffentliche Verkehrsmittel in Tadschikistan? Die Situation erscheint mir aussichtslos. Doch ich denke mir auch: Nach drei Tagen eine für vier Monate geplante Reise abzubrechen – das wäre echt peinlich! Wut und Trotz keimen in mir auf.

In diesem Moment entdecke ich auf der anderen Seite der Autobahnauffahrt drei Arbeiter, die Tierschutzzäune aufbauen. Ich fuchtele wild mit den Armen und bringe sie mit bühnenreifen Gesten irgendwie dazu, zu mir herüberzukommen und mir zu helfen. Wie sich herausstellt, sind es zwei Arbeiter aus Mazedonien und ein deutscher Vorarbeiter. Der Deutsche verschwindet sofort wieder, vermutlich weil er denkt, der alten Dame und ihrer komischen Maschine sei sowieso nicht zu helfen. Tom aus Mazedonien bemüht sich: Zusammen mit seinem Kollegen richtet er meine Maschine auf und fängt an, an allen möglichen Stellen an dem Motorrad zu drücken und zu ziehen und zu schrauben und zu klopfen. Er stellt den Benzinhahn auf Reserve. Baut den abgerissenen Spiegel wieder an den Lenker. Nach Toms Reparatur springt die Enduro überraschend wieder an. Eine Erklärung dafür habe ich nicht. Ich habe keine Ahnung, was Tom mit ihr gemacht hat. Für mich ist er eine Art Engel. Ich hoffe, ich werde noch mehrere solcher Engel treffen auf meiner Reise. Sich gegenseitig helfen, aufeinander zugehen, sich nicht im Stich lassen – das ist für mich eine innere Überzeugung und ein wichtiges Element, das zu meinem Leben gehört. Und zu dieser Reise sowieso. Schon nach so einer kurzen Strecke weiß ich: Ohne die Hilfe anderer werde ich das nie schaffen.

Später schreibe ich Tom:

„Tom, was hast du gemacht mit der Honda? Sie läuft immer noch."

„Das hast du doch gesehen."

Mehr Worte braucht es manchmal nicht.

2. Juni // Riwne // 1516 km

Gleich an der Grenze zur Ukraine endet die EU. Keiner spricht mehr Deutsch oder Englisch. Die Schrift ist kyrillisch. Das kann ich zwar lesen, denn ich lerne seit einigen Jahren Russisch an der Volkshochschule. Doch auch die osteuropäische Bürokratie beginnt an der Grenze zur Ukraine. Es gibt verschiedene Häuschen, in denen Beamte sitzen, ich muss mir hier und dort Stempel und Unterschriften abholen. Es wird nirgendwo erklärt, in welcher Reihenfolge man was, wie und wo erledigen muss, und es hilft einem auch keiner.

Ich versuche, mich unauffällig zu verhalten, und laufe den Männern hinterher, überwiegend sind es Lastwagenfahrer. Sie dackeln brav von einem Beamten zum anderen, ich dackele brav hinterher. Ein Mann aus Lettland bemerkt, dass ich nicht so viel Ahnung habe, und nimmt mich unter seine Fittiche. In seinem Schlepptau stehe ich die rätselhafte Prozedur durch. Die Dame, die meine Dokumente durchschaut, glaubt, der Lette wäre mein Ehemann – und beschäftigt sich nur noch mit ihm, ich muss keine einzige Frage beantworten. Mir ist das recht, und ich tue so, als gehörte ich zu ihm. Mein Kurzzeitgatte erleichtert mir den Grenzübertritt ungemein. Ich bin in der Ukraine.

Und verfahre mich gleich zum ersten Mal. Und zwar ordentlich. Wahrscheinlich hätte ich irgendwann die Autobahn verlassen müssen Richtung Osten. Die Abfahrt sieht eher aus wie ein Feldweg, also biege ich nicht ab und fahre auf der besseren Straße weiter in Richtung Norden. Ich komme Tschernobyl immer näher, obwohl ich da ganz bestimmt nicht hinwill. Mein Handy-GPS versagt auf ganzer Linie. Ich kann keine Route mehr eingeben. Also fahre ich sicherheitshalber die ganze Strecke zurück – am Ende des Tages sind es über 500 Kilometer.

Zur Navigation benutze ich meistens mein Handy, und wenn ich Empfang habe, lasse ich mich vom GPS leiten. In Gebieten ohne gutes Netz benutze ich die App Maps.me, da kann ich mir vorab Offlinekarten herunterladen. Zusätzlich habe ich Papierkarten für alle Länder dabei, die ich durchquere – falls die elektronischen Geräte gar nicht mehr funktionieren.

Ich habe keine Berührungsängste mit Computern, Internet und Smartphones. In meinem Beruf hatte ich auch die Aufgabe, Senioren zur Mitgestaltung des öffentlichen Stadtlebens zu motivieren. Wir starteten ein Seniorenforum, und es kamen viele ältere Menschen, die mit Feuereifer ein Bürgerbüro aufbauten und sich in die kommunalen Entscheidungsprozesse einbringen wollten. Eine der Arbeitsgruppen beschäftigte sich mit dem Thema „PC und Internet für Senioren". Ich habe dabei selbst viel gelernt. Auch durch die kommunale Jugendarbeit habe ich Erfahrung mit den neuen Medien. Uns Sozialarbeitern bleibt gar nichts anderes übrig, als uns fit zu machen mit PC, Smartphone und Internet.

Als kleines Mädchen musste ich die Röcke meiner älteren Schwester auftragen; als Mutter übernehme ich die abgelegten Smartphones meiner Söhne. Als Gegenleistung weisen sie mich schnell und individuell ein: „Du musst hier drücken und da gucken." Den Rest bringe ich mir selbst bei, nach dem Motto Suchen und Finden und Irren und Wiederfinden. Ich nutze Facebook, die Familienkommunikation läuft über WhatsApp, meine Peergroups agieren trotz aller berechtigten Kritik an den neuen Medien ebenfalls auf diesem Kanal.

Mit elektronischen Geräten komme ich klar. Nur nicht in der Gegend von Tschernobyl.

4. Juni // Skazka // 990 km

Am nächsten Tag dann die erste Holperpiste. Löcher, Verwerfungen und zehn Zentimeter tiefe Spurrillen sind das eine; doch was sich da *auf* der Straße abspielt, ist aberwitzig: Kühe, Ziegen, Pferde, Hühner. Manche davon sind angebunden, die meisten jedoch vagabundieren frei herum. Ich begegne Pferdefuhrwerken, die haushoch mit Heu beladen sind. Der Duft nach gemähtem Gras und Lindenblütenduft umhüllt mich. Endlich kommt die Enduro zum Einsatz mit ihren langen Federwegen. Ich stehe mehr, als dass ich sitze, meine Knochen werden bei jeder Bodenwelle durchgerüttelt.

Ich rette mich auf die Autobahn Richtung Kiew. Auch hier, auf der großen Ost-West-Durchgangsstrecke, säumen mehr oder weniger frei laufende Tiere die Fahrbahn. Es gibt immer wieder Stellen, an denen Autos auf der linken Spur abbiegen, wenden und auf der Gegenfahrbahn zurückfahren können. Das sorgt vielleicht für weniger Geisterfahrer, aber Schnellfahren auf der Überholspur ist schwierig. Apropos Rasen: Außer mir hält sich so gut wie keiner an die Verkehrsregeln. Vorsichtig passe ich mich den Gegebenheiten an. Am Rand der Autobahn verkaufen Frauen Erdbeeren, Salat und Kirschen. Kurz muss ich an die Himbeeren in meinem Garten denken. Ob sie schon reif sind? Doch wichtiger ist im Moment zu wissen, wo die nächste Tankstelle ist. Meine 125er-Honda hat einen kleinen Tank, in den zwölf Liter Benzin passen. Die Maschine verbraucht etwa drei bis dreieinhalb Liter pro 100 Kilometer, bei optimalen Bedingungen komme ich 360 Kilometer weit, ohne zu tanken.

Abends erreiche ich einen Ort namens Skazka. Ich übernachte in einem privaten Appartement, das ich über booking.com gefunden habe. Das Haus ist hässlich, aber die Wohnung sieht ordentlich aus. Im Bad gibt es ein sehr sauberes Waschbecken, über das ich mich etwas wundere – denn es hat keinen Wasserhahn. Die Vermieterin kocht ein typisch ukrainisches Abendessen für mich: Borschtsch, eine Suppe mit Roter Bete und fettiger Wurst.

„*Dobryĭ den!*" Guten Morgen. Die Wirtin kredenzt mir am nächsten Tag gut gelaunt ein Frühstück, das mir irgendwie bekannt vorkommt: Borschtsch! Ich weiß zwar, dass ich den ganzen Tag unterwegs sein werde und die Energie gebrauchen kann, aber eine Rote-Bete-Suppe mit fettiger Wurst zum Frühstück? Das ist mir nicht ganz geheuer. Ich handele die Wirtin auf ein Butterbrot und Kaffee herunter.

Über 1700 km bin ich bereits in Richtung Osten gekommen. Und von Tag zu Tag beginne ich, diese Reise mehr zu genießen mit allem, was sie für mich bereithält. Ich bin dankbar für jeden guten neuen Tag auf dieser Tour. Eingezwängt zwischen Seitentaschen, Packrucksack und Tankaufsatzbox, sitze ich gemütlich auf meiner Enduro. Ich bin nun seit zehn Tagen unterwegs, ertrage die mittägliche Hitze in den Motorradklamotten, den Abgasgestank zwischen den Autos an den Ampeln, das fettige Essen und die fiesen kleinen Mückenbiester am Abend. Ich habe Kiew ohne allzu viele Probleme durchquert, brettere über rumplige Staubpisten, weiche Hühnern und Ziegen aus und erreiche bald die russische Grenze. Neue Herausforderungen warten dort auf mich, da bin ich mir sicher.

Der polnische Wirt
Mirek Horbatcz
des Gasthauses
Hacienda in Kepno
hat Zweifel, ob ich
es schaffe ...

Ich erreiche die ukrainische Grenze

Der erste Supermarkt in der Ukraine

Die ukrainischen Kirchhöfe sehen aus wie kleine Schlösser

Rüttelpiste nach Kasachstan

Tanz an der Wolga

Eine Rakete von Kerl

Eine Attraktion beim Tanken

Russland

6. Juni // Kursk // 2564 km

„*Pryvit!*" „*Hallo!*" „*Salam!*" „*Merhaba!*" In jedem Land, durch das ich reise, grüße ich möglichst in der Landessprache, und wenn ich weiß, was Danke und Bitte heißt, ist das auch kein Fehler. Es sind nur ein paar Wörter in der Landessprache, doch es sind wichtige Brücken zum gegenseitigen Verständnis, der Beginn einer Beziehung. Unterwegs auf der Straße brauche ich keine Sprachen. Dafür gibt es den Bikergruß, und der ist universell verständlich. Wenn sich Motorradfahrer begegnen, strecken sie zwei Finger der linken Hand hoch, manchmal auch die ganze Handfläche. Die linke Hand ist normalerweise an der Kupplung, die kann man kurz mal loslassen. Falls das nicht geht oder wenn man in einer Kurve ist oder beim Überholen, grüßt man mit dem rechten Fuß. Das bedeutet: Allzeit gute Fahrt! Komm gut nach Hause! Alle Biker wissen, dass Motorradfahren gefährlich ist. Diese Gesten habe ich automatisch gelernt, seit ich mit dem Motorrad unterwegs bin.

In Deutschland ist die 125er die kleinste Maschine, auf der man gerade so noch von anderen Bikern gegrüßt wird, und das auch nicht von allen. Enduro-Fahrer grüßen sich untereinander, es ist jedoch unwahrscheinlich, dass ein Fahrer einer großen Tourenmaschine so ein kleines Möchtegernmotorrad überhaupt wahrnimmt. Auf

Reisen in die Ferne ist das anders, da zählen nicht Kubik- oder PS-Zahlen, sondern einfach nur das Unterwegssein. Dieses Gefühl, von Gleichgesinnten gegrüßt zu werden und zurückzugrüßen, stärkt meine Selbstwahrnehmung. Ich weiß, ich bin alleine fern von zu Hause unterwegs, aber ich bin doch nicht allein. In der Not würde man sich gegenseitig helfen. Und dieser Moment wird sicher kommen, die wahren Schwierigkeiten warten noch auf mich.

Auf der großen Fernstraße in Russland ist es unangenehm zu fahren. Wegen meines geringen Tempos gerate ich ständig zwischen Lastwagen. Die großen Trucks sind meistens schneller als ich, ich muss aufpassen, nicht zu weit rechts zu fahren und von der Straße gedrängt zu werden. Die Sicht ist schlecht, häufig werde ich in Staubwolken gehüllt. Große SUVs donnern an mir vorbei, ihre Fahrer sind hinter den abgedunkelten Scheiben nicht zu erkennen. Ich hingegen bin als Motorradfahrerin im Prinzip immer zu sehen. Ich bin verletzlich und auf die Rücksicht der stärkeren Verkehrsteilnehmer angewiesen. Jeder Rempler kann mich zum Sturz bringen.

7. Juni // Woronesch // 2827 km

Die Straßen in Russland sind gerade. Angenehm wenig Ausstattung, kaum Schilder, keine Leitplanken oder Pfosten. Manchmal endet die Straße in einer Baustelle. In Deutschland wäre eine Umleitung ausgewiesen; hier in Russland gibt es keine anderen Straßen über solche Entfernungen, die man dafür nutzen könnte. Deshalb brettern die Russen in die Löcher, den abgekratzten Asphalt, durch grobe Schotteraufschüttungen. Sie bleiben gelassen, sind es ja gewöhnt. Mir stehen dabei die Haare unterm Helm zu Berge.

Wenn es mal Wegweiser gibt, kann ich sie zum Glück lesen. Seit 2007 lerne ich einmal in der Woche Russisch in der Volkshochschule. Ich kann mich grob verständigen und auch die kyrillische Schrift lesen. Nun zahlt es sich aus, das Sitzen und Pauken. Mit sanftem Druck holte uns unsere Russischlehrerin Helene immer wieder zurück zu den Lektionen, wenn wir abschweiften und anfingen zu tratschen. Wir, das sind vier Unentwegte, alle über 60 Jahre, die nicht aufhören wollen zu lernen und vor allem gerne reisen. In Kasachstan, Kirgistan, Tadschikistan, Usbekistan und Turkmenistan kommt man mit Russisch gut durch, weil alle diese Länder früher zur Sowjetunion gehört haben, die älteren Leute sprechen fast alle Russisch, viele Jüngere auch Englisch.

Mein Russisch hilft mir auch weiter, als ich zum ersten Mal von der Polizei angehalten werden. Mitten im Nirgendwo. Eine Geschwindigkeitskontrolle? Da kann mir wohl keiner etwas vorwerfen, schneller als 80 fahre ich auf dieser Straße kaum ...

„Die Papiere, bitte!"

Die beiden jungen Polizisten schauen erst mich an und dann auf den Führerschein. Dann wieder mich. Stimmt etwas nicht?

„Eine Frau."

Die beiden können es nicht fassen, dass eine Frau auf diesem seltsam beladenen Moped mit deutschem Kennzeichen sitzt.

„Woher kommen Sie, wohin fahren Sie?"

„Deutschland. Ich fahre nach Tadschikistan."

Ungläubiges Staunen. Die Frage nach dem „Warum" stellen sie nicht. Stattdessen fragt der eine Polizist:

„Wie viel verbraucht denn die Maschine?"

Als ich alle technischen Fragen gewissenhaft beantwortet habe, lassen sie mich ziehen. Sie schauen mir mit einer Mischung aus Fassungslosigkeit und Bewunderung hinterher.

An den Tankstellen geht es mir meistens ähnlich. Das kleine Motorrad mit dem deutschen Nummernschild fällt sowieso auf, doch wenn ich dann meinen Helm abnehme, geht es los. Die Männer gucken: ein ausländisches Motorrad! Mit viel Gepäck! Eine Frau!

Ich bin es gewohnt, auf der Bühne zu stehen, das kenne ich vom „Jungen Theater". Doch unterwegs ist es etwas anderes, eine Herausforderung. Fünf bis zehn Männer umringen mich, kommen näher, beobachten, was diese seltsame Frau da macht. Sie schauen mir beim gesamten Tankprozess zu, als wäre das eine Zirkusnummer. Keiner wagt es, mich anzusprechen oder sich mir zu nähern. Offensichtlich mache ich durch mein Auftreten deutlich, dass sich mir keiner ohne meinen Wunsch nähern darf. Ich bin kein Opfer, das strahle ich aus. Ich bin stolz darauf, dass ich den Mut entwickelt habe, allein unterwegs zu sein. Das verwirrt viele Männer. Apropos Männer. Ich mag Männer. Ich liebe meine beiden Söhne. Ich bin gerne verliebt. Doch wehe, wenn ein Mann versucht, mich in eine bestimmte Ecke zu drängen. Mir Funktionen zuweisen will. Mich einschränken auf eine ihm genehme Rolle. Darauf, wie er sich vorstellt, dass eine Frau zu sein hätte. Auch deshalb habe ich Motorradfahren gelernt. Nicht Sozia sein, nicht tatenlos auf dem Beifahrersitz hocken. Selbst fährt die Frau!

Mit dieser inneren Haltung trainiere ich auch seit vielen Jahren meinen Körper. Seit 20 Jahren treibe ich asiatischen Kampfsport: Wing Tsun, Kung-Fu, Karate. Außerdem gehe ich dreimal in der Woche ins Fitnessstudio. Ich bin in einer Tanzgruppe, trainiere mit elastischen Bändern, dehne meine Muskeln und Sehnen, damit ich beweglich bleibe.

Beim Wing Tsun kämpfe ich vor allem mit Männern. Ich bin einige der wenigen Frauen bei uns im Verein. Schade, denn Wing Tsun ist eine Kampfkunstform, die eine Nonne in China entwickelt hat, um sich gegen marodierende Mönche und anderes Volk zu wehren.

„Hey, lasst sie! Weg da", ruft der Natschalnik. Der Natschalnik ist der Chef der Tankanlage, er muss die Männer zur Ordnung rufen, damit sie weiterarbeiten.

Ich steige wieder auf meine Maschine, stecke den Zündschlüssel ins Schloss, greife an den Kupplungshebel und lege den ersten Gang ein. Die Leute beobachten jeden meiner Handgriffe. Um von der Tankstelle wegzukommen, muss ich die Männer bitten, zur Seite zu gehen, so nah sind sie mir auf die Pelle gerückt.

8. Juni // Borissoglebsk // 3049 km

Valerie aus Borissoglebsk! Eine Rakete von Kerl. Diesen Mann werde ich nicht so schnell vergessen. Dank ihm habe ich diese Stadt in der Region Oblast Woronesch in einem Tag so gut kennengelernt, wie es nur irgend möglich ist.

In Borissoglebsk, einer Stadt mit etwa 60.000 Einwohnern im Südwesten Russlands, habe ich für eine Nacht ein Hotel gebucht. Ich spaziere also über die Hauptstraße und stecke gerade mein Handy an meine Powerbank, weil der Akku alle ist – da kommt Valerie auf mich zugerast. Und feuert eine Salve an Fragen auf mich ab.

„Wer bist du?"

„Was machst du hier?"

„Woher kommst du?"

„Wohin willst du?"

Und:

„Kann ich dir helfen?"

Wir kommunizieren in einer Mischung aus Russisch, Englisch und Deutsch. Er verspricht, mich durch seine Stadt zu führen. Valerie ist mindestens einen Kopf größer als ich und doppelt so breit. Eine Naturgewalt. Ich kann nicht Nein sagen. Und ich bin tatsächlich dankbar, einen Guide zu haben, denn Borissoglebsk kommt mir etwas verwirrend vor. Das Hotel ist sehr klein und liegt versteckt, ohne Hilfe hätte ich es kaum gefunden. Ich folge seinen Anweisungen.

„Du parkst hier."

„Du stellst deinen Rucksack da hin."

„Du lässt dein Gepäck hier und kommst sofort mit mir."

Okay, okay, okay!

Ich steige in sein riesiges Auto. Valerie rast mit seinem SUV wie ein Henker durch den Verkehr. Er hat den Ehrgeiz, mir innerhalb weniger Stunden wirklich alles zu zeigen, was seine Stadt, von der ich vorher noch nie gehört habe, zu bieten hat. Zeitweise sind auch seine beiden Töchter und seine Frau mit von der Partie. Wir besichtigen im Eildurchlauf den Soldatenfriedhof, Galerien, das Theater, die alten Häuser im Zentrum, die Statuen, die Denkmäler, die Museen, den Bahnhof mit seiner denkmalgeschützten Innen-einrichtung. Zwischendurch bringt Valerie schnell seine Kinder zu irgendeiner Freizeitbeschäftigung, kutschiert mich zu einer Mo-torradwerkstatt, nebenbei organisiert er noch einen Ölwechsel für meine Honda. Der Mechaniker lässt sofort alles stehen und liegen, zehn Minuten später ist mein Motorrad fertig. Mir scheint, Valerie ist eine wichtige Person in Borissoglebsk, denn alle haben Respekt vor ihm und erledigen sofort alles, was er möchte.

Bei einem waghalsigen Überholmanöver erklärt mir Valerie, warum die Städtepartnerschaft zwischen Delmenhorst und Boris-soglebsk eingeschlafen ist: „Den Deutschen ist wohl aufgefallen, wie weit weg Russland ist." Er schenkt mir russische Limonade, Postkarten und kauft mir einen kleinen Tonvogel. Ich wollte ihn eigentlich nicht haben. Einer meiner Grundsätze unterwegs: Kein zusätzliches Gepäck! Keine Souvenirs! Doch der Kerl lässt sich nicht davon abhalten, die Marktfrauen gucken mich ermunternd an, alle warten darauf, dass ich dem Kauf zustimme.

Und dann zeigt er mir noch seine Sammlung von Lenin-Büsten und -Plakaten. Schließlich stehen wir gemeinsam vor einem Regierungsgebäude, vor dem ein Flugzeug aufgestellt ist, das an den Zweiten Weltkrieg erinnert. Valerie erläutert mir, wie schwer sein Land durch die Kriege getroffen worden ist, ich merke, wie bewegt er wirklich ist. Auf dem Soldatenfriedhof stehen wir schweigend nebeneinander. Ich nehme Anteil an seiner Trauer. Wie gut, dass wir uns hier begegnet sind und uns in Frieden wieder trennen können.

Morgen erreiche ich Saratow und die Wolga. Dann fahre ich Richtung Kasachstan auf den Straßen unter dem weiten Himmel über Russland.

9. Juni // Saratow // 3339 km

Saratow liegt an der Wolga. Ich überquere den breiten Strom auf einer Brücke, und bei der Abfahrt von der Brücke quert eine ältere Frau die Straße auf sehr dubiose Weise. Sie schwankt, läuft sehr langsam und achtet kaum auf den Verkehr, wahrscheinlich ist sie betrunken. Ich versuche auszuweichen, fahre immer langsamer und langsamer. Doch sie macht seltsame Bewegungen auf mich zu. Um sie nicht zu überfahren, muss ich scharf bremsen. Leider erwische ich nur die Vorderbremse, eine schlechte Angewohnheit. Das Vorderrad blockiert, und ich kippe um.

Die alte Frau schaut mich aus leeren Augen an und geht einfach weiter.

Bilanz meines ersten Unfalls: keine Verletzung, doch der Bremshebel ist abgebrochen. Ein Riesenproblem? Eher nicht, ich habe ja Ersatz dabei. Mithilfe eines YouTube-Videos finde ich heraus, wie ich den Bremshebel austauschen kann. Immerhin habe ich noch einen ganzen in petto.

Mein Hotel heißt Slovakia, es liegt direkt am Ufer der Wolga. Ein gigantischer Plattenbau aus Sowjetzeiten mit einem riesigen Speisesaal, in dem nie jemand sitzt. Alles wirkt ein bisschen angeranzt. Auf dem Platz davor gibt es einen Rummelplatz mit verrosteten Fahrgeschäften. Es ist ein angenehm warmer Abend, und ich will noch ein bisschen draußen sitzen, also gehe ich aus dem Hotel hinaus und steige wenige Stufen hinunter zum Flussufer.

Mir bedeuten Flüsse sehr viel. Ich liebe den Geruch von Flusswasser, die entspannte, träge Atmosphäre an einem Sommerabend, wenn man am Ufer hockt und das Wasser plätschern hört. Es ist angenehme 20 Grad warm, ich höre junge Leute lachen, Musik erklingt. Eine Gruppe von Leuten hat Boxen und Musikinstrumente aufgebaut, sie tanzen in der Dämmerung. Wunderschön! Es sind professionelle Tänzer und Tänzerinnen, es macht mir unheimlich Spaß, ihnen zuzuschauen, während hinter dieser Szene große Schiffe dumpf brummend auf der Wolga vorbeifahren. Angler werfen ihre Leinen aus, ich höre es leise surren und platschen. Die Lichter der Stadt spiegeln sich in dem breiten, dunklen Strom. Ein grandioses Gefühl. Innere Wärme durchströmt mich. Ich bin tatsächlich eigenhändig mit der kleinen Enduro bis an die Wolga gefahren! Am Morgen habe ich noch einen Unfall gebaut – und am Abend bin ich trotzdem überglücklich.

11. Juni // Osinki // 3639 km

Schotter, Staub, Löcher – die Verbindung zwischen Russland und Kasachstan ist eine üble Piste. Aus irgendeinem Grund finden die Russen es unnötig, eine richtige Straße nach Kasachstan zu bauen. Der gesamte Grenzverkehr muss über eine nicht befestigte Piste fahren. Zum Glück sitze ich auf einer geländegängigen Enduro! Direkt hinter der Grenze ändert sich die Landschaft. Es wird trockener, weniger Bäume, die Steppe beginnt.

Die brutal kaputte Straße im Grenzgebiet zwischen Russland und Kasachstan zieht sich über 200 Kilometer. Schlagloch an Schlagloch, Bodenwellen und tiefe Fahrrinnen. Ein Moment der Unaufmerksamkeit, und meine Enduro kracht mit Wucht in die Untiefen. Die Hälfte der Zeit stehe ich auf dem Motorrad, um die aufrüttelnde Höllenfahrt abzufedern. Das letzte bisschen Asphalt wird von allen Verkehrsteilnehmern genutzt. Die ganz Coolen fahren gleich auf dem Randstreifen, einem Sand-und-Schotter-Weg. Hinter ihnen verschwindet der Rest der Welt im Staubnebel.

So durchgeschüttelt und eingestaubt erreiche ich mit meiner ebenso gestauchten Enduro den Grenzort Osinki. Hier übernachte ich zusammen mit Zollbeamten und Polizisten in einem Guesthouse, um früh den Grenzübertritt in Angriff zu nehmen. Seit der Expo 2017 in Astana brauchen Deutsche kein Visum mehr für Kasachstan. Doch wer weiß, wie aufwendig sich die Ausreise aus Russland gestaltet.

Saratov an der Wolga

Valerie zeigt mir den Soldatenfriedhof

In Valeries Gartenhäuschen schaut Lenin etwas
skeptisch auf mich herunter

Rosen vom Gärtner

Ein Anfängerfehler

Nichts als Steppe

Nur Himmel und Erde

Sprachlose Männer

Kasachstan

12. Juni // Oral // 3843 km

Die Einreisezeremonie ist dann eine höchst wichtigtuerische Prozedur. An einer Grenze ist üblicherweise viel los. Meist kümmern sich die Männer um die Formalitäten, die Frauen bleiben, wenn möglich, im Auto sitzen. Motorräder werden vorbeigelassen, wegen der Hitze und der Abgase. Also rolle ich an den langen Schlangen stehender Autos vorbei. Stelle mich direkt vor die Grenzpolizisten. Steige ab. Und freue mich über die fassungslosen Gesichter der Grenzer und der wartenden Autofahrer. Eine Frau! Allein! Sogar eine ältere Frau! Sie schauen sich um nach meinem Begleiter. Da kommt niemand. Sie können es einfach nicht fassen. Doch sie lächeln. Und dann geht der Daumen hoch! Die sprachlose Aufmerksamkeit der Männer überrascht und amüsiert mich immer wieder. Ich bin eine ältere Frau. Ja. Ich fahre Motorrad. Ja. Na und?

An meiner ersten Station in Kasachstan stehe ich vor dem Hotel und unterhalte mich mit dem jungen Sohn des Hotelbesitzers. Die Abendsonne scheint auf die Fassade, und ich sehe aus einem Augenwinkel, wie sich dort etwas bewegt. Eine Schlange! Sie windet sich auf ein Loch zu, das ins Fundament zu führen scheint. Der junge Mann reagiert blitzartig und stellt einen Fuß auf das Tier.

Doch die Schlange ist schnell – sie windet sich frei und verschwindet in dem Loch. Ich bin etwas beunruhigt.

„Wohnt sie im Keller? Kommt sie mich nachts in meinem Zimmer besuchen?"

Der Junge schüttelt den Kopf und lacht.

Später erfahre ich: Es war eine Levanteotter, die größte Viper Europas, sie ist ziemlich giftig. Diese Schlangen jagen Mäuse und Ratten, sie werden von den Menschen in Kasachstan geduldet wie bei uns die Katzen. Es sind also quasi private Hausschlangen – und für den Menschen angeblich harmlos.

14. Juni // Aqtöbe // 4339 km

Als ich das edle Park Hotel in Oral gen Südosten verlasse, warten über 2500 Kilometer Kasachstan auf mich. Unterkünfte, Tankstellen, ausgebaute Straßen, Läden, Internet ... von allem gibt es auf dieser Strecke weniger. Eine Tankfüllung reicht maximal 360 Kilometer weit. Ich informiere mich sicherheitshalber noch mal, wo es unterwegs Benzin zu kaufen gibt.

Glaubte ich doch gestern noch, die Straße zwischen Russland und Kasachstan wäre eine Herausforderung, werde ich bald eines Besseren belehrt. Eine Straße ist das nicht, die hinter der kasachischen Grenze in Richtung Südosten führt. Es ist eine elende, endlose Sandpiste mit jähen Abstürzen, Schräglagen, halbmetertiefen Rinnen, auf derselben Spur entgegenkommenden Lastwagen, unkoordinierten Wendungen.

„Sorry!"

Wenn ich ein Schlagloch erwische, entschuldige ich mich sofort bei meinem Reisemoped. Wir sind mittlerweile eng befreundet.

Unweit der Piste sehe ich eine Baustelle für eine neue Straße, sie ist wohl noch lange nicht fertig. So verdreckt und verschreckt wie hier war ich auf dieser Reise noch nie. Und trotzdem – oder gerade deshalb – bin ich glücklich. Ist doch der nun kommende Abschnitt meiner Tour einer derjenigen, auf die ich mich am meisten freue.

2500 Kilometer geradeaus fahren, hinein in eine karge Landschaft; nur Himmel und Erde, keine Höhen oder Tiefen, eindrucksvoll nur durch ihre Leere. Wenn die Schlaglöcher nicht allzu zahlreich sind, wenn die Ziegen, Hühner, Kamele und Händler auf der Straße überschaubar bleiben, wenn kaum Verkehr ist und mein Benzin- und mein Wasservorrat stimmen, stellt sich dieses besondere Gefühl ein. Ein Zustand, halb träumend, halb überwach. Der Körper schaltet auf Autopilot, das Hirn arbeitet auf Hochtouren. Jetzt kann ich fahren und nachdenken. Sinnieren. Über meine außergewöhnliche Reise. Darüber, dass ich glücklicherweise immer noch gesund und munter bin. Unterwegs. Irgendwo im Nirgendwo. Genau da, wo ich sein möchte.

15. Juni // Karabutak // 4575 km

Karabutak, ein Dorf mitten im Niemandsland. Na ja, Dorf – es ist eher eine kleine Ansiedlung rund um eine Tankstelle. Morgen erwartet mich die große Tour. 400 Kilometer bis Aral. Dazwischen nichts! Nichts als kasachische Steppe. Hier, in der Fernfahrerunterkunft Camp Mayak, haben sie mir glaubhaft versichert, dass es irgendwo auf der Strecke noch eine Tankstelle gebe … Luftfilter und Kette meiner Enduro habe ich vorsichtshalber gewartet. Ich decke mich mit Wasser, Brot und Schokolade ein.

20. Juni // Taraz // 6142 km

Dieses fettige Essen aus Kartoffeln, Nudeln und Fleisch geht mir langsam auf die Nerven. Was Essen anbelangt, bin ich eigentlich nicht besonders wählerisch. Zu Hause koche ich meistens selbst, da kann ich bestimmen, wie viel Salz und Fett es enthält. Das Essen hier ist mir eher zu fettig und zu fleischlastig. Ich sehne mich nach frischem, knackigem Gemüse! Zu Hause in Thurnhosbach könnte ich einfach in den Garten gehen und mir einen Salat holen, der müsste mittlerweile groß genug sein. Oder im Bioladen kaufen, wonach mir gerade der Sinn steht. Auf meiner Tour habe ich bis jetzt kaum selbst eingekauft, ich habe den Kocher noch nicht benutzt und verpflege mich immer in Restaurants, hole mir etwas in Bäckereien und an Imbissbuden.

Auf einem Markt in Baikonur – das ist die Kosmonautenstadt mit dem Weltraumbahnhof – greife ich zu und kaufe Tomaten, Gurken und Karotten. Ich wasche das rohe Gemüse unter dem Wasserhahn und beiße voller Lust hinein. Herrlich! Ein Genuss! Und ein Anfängerfehler. Alles, was man nicht schält oder kocht auf einer solchen Reise, sollte man am besten nicht essen.

Wenig später merke ich es. Mein Magen fängt an zu rumoren, mir wird schlecht, ich muss mich übergeben. Das Problem ist, dass ich auf dem Motorrad sitze und die Fahrt von Kysylorda nach Schymkent vor mir habe, 450 Kilometer. Auf der Strecke gibt es nichts, nicht mal Schatten. Es ist knallheiß, ich habe Durst, aber immer wenn ich einen Schluck von dem lauwarmen Wasser aus meiner Trinkflasche nehme, wird mir noch schlechter. Anhalten bringt nichts, denn es gibt nirgendwo Bäume oder Häuser, die Schatten spenden. Da! Eine Bushaltestelle. Dort könnte ich mich kurz hinlegen und mich vielleicht etwas erholen. Je näher ich komme, desto mehr wundere ich mich: Die Bushaltestelle ist schon besetzt. Von einem Kamel. Es hatte die gleiche Idee wie ich und blockiert den einzigen Schattenplatz weit und breit.

Ich fühle mich elend und kippe fast vom Moped. Die Gefahr ist, dass mir die Augen zufallen und ich stürze. Was soll ich tun? Aufgeben geht jetzt nicht. In der kasachischen Steppe kannst du auch nicht einfach den ADAC anrufen wie auf einer deutschen Autobahn. Durchhalten! Durchhalten! Durchhalten! Mein Geist spaltet sich vom Körper ab und ist stark. Mein Verstand gibt Anweisungen an den Rest von mir. Pass auf! Schlagloch! Sitz gerade! Nicht einschlafen! Augen auf! Das habe ich beim autogenen Training geübt. Es gibt keinen Plan B, also ziehe ich Plan A durch und kämpfe mich bis zur nächsten Unterkunft durch. Völlig erschöpft erreiche ich Taras. Mit Mühe und Not schleppe ich mich ins Hotel. Die Stufen in den ersten Stock zu meinem Zimmer schaffe ich gerade noch so. Dann die frische, saubere, weiße Bettwäsche. Ich verliere mich für zwei Tage im Luxus und schlafe, schlafe, schlafe.

Eine WhatsApp-Nachricht von meinem weit gereisten Sohn Philip ploppt auf:

„Mutter! Ein Anfängerfehler!"

Ja, ja, ich weiß. Das wird mir nicht mehr passieren.

21. Juni // Taraz // 6142 km

Taraz ist der letzte kasachische Ort vor der Grenze nach Kirgistan. Ich sehe nicht viel von der Stadt. Denn ich verbringe zwei Tage in einem riesigen Hotelkomplex namens Ark MS und erhole mich von meiner Magen-Darm-Infektion. Vor der Tür dieses Kastens stehen riesige, pompöse Stretchlimousinen, die man für Hochzeiten und andere Festivitäten mieten kann. Auch mein Zimmer ist riesig, ich habe mehrere Räume für mich, eine Art Wohnzimmer, ein Bad mit Dusche, Toilette extra, ein Schlafzimmer. Es gibt weiße Bettwäsche und weiße Bademäntel – ein herrlicher Luxus! Das Restaurant kann ich allerdings nicht genießen. Zwei Tage lang kann ich kaum etwas essen und trinken. Ich bin völlig leer, und am Abend des zweiten Tages geht es mir endlich besser. Ich setze mich in den Garten, in dem die Rosen üppig blühen. Der Gärtner schaut mitleidig zu mir herüber und werkelt dabei an einem Rosenstock herum. Ich habe die Augen halb geschlossen, als ich bemerke, dass er vor mir steht – mit einem riesigen Strauß Rosen für mich!

Junge Kasachen freuen sich
über die Reisende

Der weite Himmel über Russland verführt mich zum Bleiben

Weit außerhalb der Dörfer liegen die orthodoxen russischen Friedhöfe

Motorrad putzen
wird zur täglichen
Aufgabe

Gleich hinter der Grenze stehen die ersten Kamele

Kasachische Jugendliche finden mich und
meine Honda „Daumen hoch"

Mitten im Nirgendwo, viele Kilometer vom
nächsten Ort entfernt

Der mitfühlende Gärtner schenkt der erschöpften
Reisenden Rosen aus dem Hotelgarten

Pause im
Schatten einer
Betonwand auf
einer Raststätte

Kirgistan

23. *Juni // Talaz // 6282 km*

Das ist mal eine nette Begrüßung! Der Beamte an der kirgisischen Grenze kommt auf mich zu, gibt mir die Hand und zeigt mir einen Platz im Schatten, wo ich meine Maschine während der Grenz-formalitäten abstellen kann. Alles ist supereinfach. Sie wollen nicht einmal in die Packsäcke schauen. Schon bin ich in Kirgistan. Der Anblick der schneebedeckten Berge des Tienshan erfüllt mich mit großer Freude. Mir kommen die Tränen. Die Gipfel sind so hoch und so steil und so karg. Ich bin überwältigt. Und ich weiß, jetzt beginnt das eigentliche Abenteuer. Gleichzeitig bin ich auch ein bisschen stolz darauf, dass ich es geschafft habe, an diesen Ort zu gelangen, von dem ich so lange geträumt habe. Ich bin tatsäch-lich mit meiner kleinen Enduro den weiten Weg von Thurnhosbach nach Kirgistan gefahren. Und ich freue mich sogar darauf, durch die Berge zu kurven, obwohl ich viel lieber geradeaus fahre. Voller Elan lege ich mich in die ersten Kurven.

Meine Euphorie wird schnell wieder gebremst. Das Hinterrad der Enduro verkantet sich in einer tiefen Rille. Beim Versuch, wie-der herauszukommen, springt die Kette ab. Wahrscheinlich war sie bereits zuvor etwas locker. Glücklicherweise bin ich langsam um die sehr enge Kurve gefahren, sodass ich nicht gestürzt bin, aber die Enduro steht nun manövrierunfähig quer auf der steilen und schrägen Fahrbahn. Meine Bergbegeisterung ist so schnell verflogen, wie sie aufgekommen ist. Was tun? Ich schaue mich um: öde Berghänge, in der Ferne schneebedeckte Gipfel, neben der Straße ein Stausee. Am Staudamm posiert gerade eine kirgisische Familie für ein Foto, ich winke und bitte sie um Hilfe. Alle kommen gleich auf die Straße gelaufen, und mit vereinten Kräften schieben wir das Motorrad an den Rand, die Männer helfen mir, die Kette an ihren Platz zu bekommen. Ich nehme mir vor, sie später in meiner Unterkunft wieder ordentlich zu spannen.

Auf der Straße nach Talaz, meiner ersten Bleibe in Kirgistan, begegne ich Martina und Sven. Sie sind Schweizer, seit 2013 in einem Jeep unterwegs und weltweit auf der „Suche nach der Regenbogenschlange". Ich unterhalte mich kurz mit dem Paar und denke mir dabei, dass es für die beiden sicher aufregend sein muss, zusammen solche Abenteuer zu erleben – ich selbst bin lieber alleine unterwegs. Ich möchte mich nicht die ganze Zeit auf jemand anderen einstellen müssen, ich will nicht andauernd reden, ich brauche nicht unbedingt einen Partner an meiner Seite, um mich sicher zu fühlen. Trotzdem bin ich offen für alles, was mir unterwegs begegnet. Regen, Berg, Tier, Pflanze, Mann oder Frau – Begegnungen sind Berührungen.

Und langweilig wird es mir auch nie – ich habe das Gefühl, selbst so voller Geschichten, Gefühle und Gedanken zu sein, dass es mehr als genug ist für so eine lange Reise.

Im Guesthouse in Talaz erwartet mich Aisuluu. Die Wirtin ist Mitte 40, doppelt so breit wie ich, hat schwarze Haare, ein rundes, offenes Gesicht mit freundlichen, kleinen schwarzen Augen. „Guesthouse" ist vielleicht nicht der zutreffende Ausdruck für diesen Platz. Es ist ein wunderschöner Ort, an dem ich mich gleich wie zu Hause fühle: Neben dem Wohnhaus von Aisuluu, in dem auch ihre

Küche und einige Gästezimmer untergebracht sind, gibt es einen Garten mit Obstbäumen, Blumen und einer saftig grünen Wiese. In diesem hübschen Garten steht eine große Jurte aus dickem weißem Stoff mit eingewebten braunen Verzierungen. Aisuluu lächelt und deutet auf die Jurte: Das ist also mein Schlafplatz für heute Nacht. Ich habe das riesige runde Zelt für mich alleine.

Aisuluus Gastfreundschaft macht mich glücklich. Sie gibt mir erst einmal Geld in der kirgisischen Landeswährung Som, um mit einem Taxi ins fünf Kilometer entfernte Zentrum zu fahren und Geld zu holen, außerdem will ich mir eine SIM-Karte für mein Telefon besorgen. Zwei Freunde ihres Sohnes begleiten mich in die Stadt, gehen mir bei den Erledigungen zur Hand. Wieder am Guesthouse angekommen, helfen mir Aisuluus Sohn und ein Freund dabei, die Kette zu spannen. In der Theatergruppe sagen wir „männerfest", wenn eine Schraube so gut zugedreht ist, dass ich sie nicht aufkriege. Während sie an dem Motorrad herumwerkeln, bleibt mir nur, sie dabei zu filmen. Beim Abendessen sitze ich zusammen mit der Familie, und Aisuluu erzählt von ihrem verstorbenen Sohn. Er ist 2010 im Alter von 27 Jahren bei den Unruhen in Bischkek (Kirgistan) auf der Straße erschossen worden. Bei Demonstrationen gegen die Regierung wurden Dutzende Menschen erschossen, der damalige Präsident Kurmanbek Bakijew musste sein Amt aufgeben. Die politische Krise wurde ausgelöst, weil die Bevölkerung zunehmend unzufrieden war mit der wirtschaftlichen Lage und den korrupten Politikern. Ein Drittel der 5,3 Millionen Einwohner Kirgistans lebt unter der Armutsgrenze.

Aisuluus Sohn hatte eine kleine Tochter namens Elisa, sie war damals gerade eineinhalb Jahre alt, der Sohn war noch nicht geboren ... Lange sitzen wir zusammen, die trauernde Mutter zeigt mir Fotos. Es gibt in Talaz ein Denkmal für die Opfer der Unruhen. Grundschulkinder erfahren in Bilderbüchern von diesem tragischen Ereignis.

„Ich hoffe, dass es in Kirgistan einmal eine Demokratie geben könnte wie in Deutschland", sagt Aisuluu.

Ich kann gut mit ihr mitfühlen. Es ist völlig egal, wo man ist auf der Welt, die Trauer um ein verlorenes Kind ist überall die gleiche. Beim Einschlafen denke ich an meine Söhne Imo und Philip, der eine ist in Berlin, der andere in Bangkok. Ich weiß, dass es ihnen gut geht im Moment, wir haben über WhatsApp alle paar Tage Kontakt.

Ich schlafe gut in der Gästejurte. Ich schlafe nicht zum ersten Mal in einer Jurte, bereits im Tereldsch-Gebirge in der Mongolei habe ich vor ein paar Jahren eine solche Unterkunft genossen. Damals allerdings hat es in der Nacht geschneit, und die Temperaturen fielen auf null Grad ...

In dieser Nacht in Talaz ist es angenehm warm. Über meiner kleinen Jurte steht der Halbmond am Himmel, ich höre die Hunde jaulen. Ein unvergleichliches Geräusch. Wenn es dunkel wird, wenn der Lärm der Menschen verstummt, wenn die Maschinen stillstehen, beginnt die Zeit der Hunde in Zentralasien. Es klingt wie ein ziemlich schräger Gesangsverein. Irgendwo beginnt einer, dann fällt ein zweiter ein, ein dritter antwortet – bis schließlich ein ganzer Chor den Mond ansingt. Vielleicht ist auch das entfernte Heulen eines Wolfes darunter ...

24. Juni // Toktogul // 6479 km

Am nächsten Morgen muss ich Aisuluu und diesen gastlichen Ort leider verlassen. Ich habe eine Verabredung mit dem Filmteam aus Deutschland, das bald eintrifft. Von Talaz aus geht es steil hinauf ins Tienshan-Gebirge. Die Honda ruckelt und zuckelt.

Die Fahrt durch die Berge macht mir Spaß, es gibt viel zu sehen, die Landschaft ist grün und belebt. Farben voller Leuchtkraft, jede neue Kurve bringt atemberaubende neue Eindrücke mit sich!

Neben der Straße sehe ich Nomaden in ihren Jurten mit ihren großen Pferdeherden, sie wärmen sich an Feuerstellen. Ich kann es kaum glauben, wie locker ich den Berg erklimme – und finde mich zu meinem eigenen Erstaunen bald auf dem Otmok-Pass auf 3326 Meter Höhe wieder. Ich steige ab, schalte den Motor aus, schaue mich um und atme tief ein. Ein Genuss! Die Luft ist so rein, es ist eine Freude, sie zu atmen. Ich würde gern da oben bleiben.

In den kirgisischen Bergen begegne ich einem koreanischen Biker, der weder Englisch noch Russisch kann. Er spricht außer Koreanisch keine andere Sprache. Ich spreche Deutsch, Englisch, ein wenig Russisch und habe ein paar persische Worte geübt. Wenn ich mit meinen Sprachmöglichkeiten und Gestikulieren nicht mehr weiterkomme, nutze ich den Google-Übersetzer. Das klappt meistens ganz gut.

„Woher kommst du?", spricht der Koreaner in sein Smartphone.

„Aus Deutschland", antworte ich in sein Gerät. Wir stehen mitten in den kirgisischen Bergen ganz eng zusammen und kennen uns überhaupt nicht.

„Ich bin gestürzt", textet er, und ich muss lachen.

„Ich auch." Unsere abgebrochenen Bremshebel sind nicht zu übersehen.

„Ich suche eine Werkstatt", schreibt er auf Koreanisch, wartet auf die Übersetzung und sieht mich dabei fragend an. Ich kenne nur die in Osch, bis dorthin sind es noch viele Kilometer.

„Ich wünsche dir allzeit gute Fahrt", flöte ich ins Gerät.

Wir umarmen und verabschieden uns. Der Mann fährt weiter, ich bin wieder allein mit den duftenden, violetten Kräutern und der Stille des frühen Nachmittags inmitten des Alai-Gebirges.

In Toktogul fängt mich eine Frau namens Maria an der Touristen-Infostation ab und lockt mich in ihr Hostel. Eine Falle? Nein, im

Gegenteil. Ich werde mit großer Gastfreundschaft von der Familie aufgenommen und überaus gut bewirtet.

25. Juni // Dschalalabad // 6679 km

„Die Erfahrungen, die man macht, wenn man allein reist, sind besonders intensiv. Nichts prägt so sehr wie die Jahre, in denen man alleine unterwegs ist. Man kann sich jeden Tag neu ausprobieren, weil man niemanden um sich hat, der einen so kennt, wie man sich zu Hause verhalten hat. Ein sehr interessanter Weg, um sich selbst neu kennenzulernen ..."

Diese Einsicht stammt von meinem Berater und Mentor Daniel Rintz, einem sehr erfahrenen Motorradweltreisenden. Ich habe ihm vor der Fahrt schriftlich einige Fragen gestellt. Seine Antworten habe ich in mein Tagebuch geklebt und mitgenommen.

Mich selbst neu kennenlernen ... das wollte ich eigentlich gar nicht unbedingt. Für mich ist es vielleicht immer zu selbstverständlich, dass ich selbstbewusst und mutig durch die Welt gehe und mich „ausprobiere", wie Daniel schreibt. Eigentlich war ich schon als Kind so wie jetzt: trieb mich auf der Straße herum, rannte wild und frei durch die schwäbischen Hochwälder und schrie dabei vor Glück. Ich kletterte auf jeden Baum und spielte in Fuchsbauten. Ich schwamm durch die Donau, um an der Kasse vorbei ins Freibad zu kommen und so das Geld für den Eintritt für Süßigkeiten aufzusparen. Ich klaute nachts Birnen im Garten eines Polizisten. Woher ich dieses Selbstvertrauen habe? Hauptsächlich von meiner Mutter.

Meine Mutter hat mir immer signalisiert: Das, was du machen willst, ist in Ordnung. Als ich als Dreizehnjährige mit einem klapprigen Fahrrad aufgebrochen bin in die Schweiz, hat sie mich nicht mit ihren Sorgen aufgehalten – sondern mir alles Gute gewünscht und mich ziehen lassen. Das war für meine Unabhängigkeit sehr förderlich. Vielleicht ist diese Kindheit ein Grund, warum ich mich ins wilde Tadschikistan wage, alleine, als Frau.

Als ich ein kleines Mädchen war, stellte ich fest, dass Jungs mehr dürfen, später nach Hause kommen, nicht im Haus putzen und keinen Rock anhaben müssen, der ihre Bewegungsfreiheit einschränkt. Noch in meiner Jugendzeit musste der Mann unterschreiben, wenn eine Frau einen Vertrag abschließen wollte. Im Zeugnisheft sollten zwei Unterschriften Kenntnis von den Noten nehmen, diejenige der Mutter und die des Vaters. Meine Eltern waren geschieden, der Vater ausgezogen. Als Scheidungskind spürte ich die Diskriminierung.

Einige Beziehungen, die ich führte, scheiterten vielleicht auch daran, dass ich nicht immer die Gleiche sein kann. Ich will nicht eine Funktion im Leben des anderen erfüllen wie zum Beispiel die Funktion als Kinder erziehende, kochende, putzende, hübsch angezogene Frau. Seit gut 100 Jahren gibt es das Frauenwahlrecht in Deutschland, Frauen dürfen arbeiten gehen und Verträge abschließen, aber das reicht meiner Meinung nach noch nicht für die Gleichstellung. In den gut bezahlten Chefjobs sitzen Männer, und die Rente vieler Frauen liegt aufgrund der Jahre der Kindererziehung knapp über dem Grundsicherungseinkommen.

Als Mädchen lernte ich diese Ungleichheit kennen. In meinem Job als kommunale Frauenbeauftragte erlebte ich Jahre später immer noch Ungleichbehandlung. „Wir würden ja gerne eine Frau einstellen", erklärte mir einmal ein Kollege mit jovialer Stimme. „Doch leider haben wir dafür keine ausreichenden sanitären Einrichtungen." Die Toilettenanlage wurde dann erweitert – und die erste Frau eingestellt.

Vielleicht gab es schon immer zwei Sorten von Menschen: Die einen hüten das Feuer, die anderen steigen auf den nächsten Berg, schauen ins Weite, lassen sich von der Anziehungskraft neuer Wege einfangen und gehen weiter, über ihren bekannten Horizont hinaus, auf der Suche nach etwas Neuem. Vielleicht sind unter meinen Altvorderen einige gewesen, die zu denen gehörten, die wagemutig auf den Berg zugegangen sind. Auch für sie folge ich meinem Weg, diesem anderen Weg, gehe ins Unbekannte, lasse mich verzaubern und rufen ...

Und noch etwas begleitet mich auf diesen neuen Wegen: Ich fühle mich geborgen, aufgehoben. Du kannst nicht tiefer fallen als in die aufgehaltene Hand Gottes. Und auch wenn man keiner Kirche oder Religion angehört – dieses Wort, gut verstanden, kann durch manche dunkle Stunde hindurchhelfen.

26. Juni // Osch // 6939 km

20,26 Euro für Ölwechsel und Schrauben. Kette gespannt, Bremshebel repariert, Lampe gewechselt, Zündkerze geprüft. Das ist meine Rechnung von MuzToo's Werkstatt.

Ich sitze zusammen mit anderen Bikern zwischen Werkbänken, Regalen mit Ersatzteilen und halb demontierten Motorrädern. Es riecht nach Öl, Zigarettenrauch und Metall. Ich mag diese Atmosphäre. Fachkompetenz, Motorräder, Reisegeschichten, Männer, für die es kein Problem darstellt, sich mit mir auszutauschen. Wie so oft bin ich die einzige Frau.

Jeder Biker, ob er aus dem Pamir kommt oder hinfährt, landet in dieser Motorradwerkstatt in Osch. Für die beiden türkischen Reisenden ist es ein langer Tag in der heißen öl- und abgasgeschwängerten Luft der Werkstatt. Der hintere Reifen von Alis Bike ist zerfetzt. Er braucht einen neuen, sonst ist seine Reise hier zu Ende. Passenden Ersatz gibt es hier, wie in ganz Zentralasien, kaum. Joe, der sich gerne mit mir unterhält, braucht eine Inspektion für seine Enduro. Sie kommen von der Piste im Pamir, die mir auch bevorsteht, sie sind staubbedeckt, dreckig und ziemlich fertig. „Die Piste ist echt hart. Sand, Steine, Wasserrinnen, Wellblech ...", berichtet Joe.

„Aber mit deiner kleinen Enduro kommst du da gut durch", macht er mir Hoffnung mit Blick auf meine Stollenreifen. Ali und Joe sind Mitte 40. Mit der aktuellen politischen Situation in der Türkei sind sie sehr unglücklich. Sie leben in Istanbul.

„Die überwiegende Wählerschaft von Erdogan sind einfache Bauern, die die Zusammenhänge nicht verstehen", meint Ali. „In Istanbul hat der Präsident der Türkischen Republik keine Mehrheit."

„Und", ergänzt Joe, „es ist kaum zu ertragen, dass diese geringe Mehrheit das ganze Land wieder in eine Diktatur zurückwirft." Die beiden sind ziemlich wütend.

„Wir würden uns als Türken gerne der Europäischen Union anschließen, aber das rückt zurzeit in weite Ferne", bedauert Joe. Wir witzeln noch ein wenig über die politische Weltlage, dann wenden wir uns wieder technischen Details zu.

Der Mechaniker Oibek und seine Jungs machen gute Arbeit. Bei meinem Motorrad steht der zweite Ölwechsel an, Zündkerze und Kettenspannung müssen geprüft werden, der zweite gebrochene Bremshebel wird professionell wieder zusammengeschraubt. Wieder mal ist mir die Enduro im losen Sand weggerutscht. Das ist ganz normal, wie ich mittlerweile weiß, kaum einer kommt durch ohne gebrochene Hebel, abgefetzte Spiegel, zerbeulte Koffer ...

Von den türkischen Bikern erfahre ich, dass Touristen mit einem Motorrad üblicherweise nur 15 Tage in Tadschikistan bleiben dürfen, egal, wie lange das Visum für einen selbst gilt. Die Grenzer erläuterten den beiden allen Ernstes, sie könnten ja im Notfall – wenn zum Beispiel das Motorrad im Wakhan-Valley kaputtginge und sie es nicht rechtzeitig an die Grenze schafften – gerne jederzeit nach Afghanistan ausreisen. Eine Spitzenidee: als europäischer Motorradtourist durch den Norden Afghanistans reisen, wo die Taliban immer wieder verheerende Terroranschläge gegen Andersgläubige richten. Wir lachen gemeinsam herzlich über diesen Vorschlag.

Osch ist eine große Stadt in Kirgistan am Rande des Pamir-Gebirges. Das Hotel Eco-House, in dem ich übernachte, liegt etwas außerhalb des Zentrums. Eine sehr ansprechende Unterkunft, die Zimmer sind mit hochwertigen Materialien ausgestattet, aus dem Fenster sehe ich einen begrünten Innenhof. Allerdings ist es in der Stadt extrem laut und staubig, und ich bin dann doch ganz froh, am übernächsten Tag nach dem Werkstattbesuch aus Osch wieder abreisen zu können. Meine Maschine läuft einwandfrei, alles ist geölt und frisch eingestellt. Ich bin bereit für die größte Herausforderung meiner Reise – Pamir Highway, ich komme!

27. Juni // Kyrkol // 7032 km

Süßlicher, dumpfer Geruch durchzieht die Luft. Klebrige Schwaden begleiten mich auf dem Weg in die Berge. Der Rauch hängt in den Kleidern, bleibt im Helm, ist überall. Es riecht nach verbranntem Kuhdung. Hier wächst weit und breit kein Baum mehr, Brennholz für den Winter gibt es viel zu wenig. Die Bauern trocknen stattdessen Kuhdung in großen Fladen. Die Tiere wandern am frühen Morgen in die Berge, grasen dort und kommen am Abend in ihre Ställe zurück. Die Fladen werden aufgesammelt und an die Wände der Scheunen und Hütten geklebt, wo sie in der Sonne trocknen.

Im Vergleich zum Abgasgestank und zum Lärm in Osch sind mir die ländlichen Gerüche viel lieber. Ich bin froh, aus der großen Stadt heraus zu sein. Im Jurt Camp finde ich die Ruhe, nach der ich mich sehne. Von Sobira und ihrer Familie gut umsorgt, kann ich wieder in einer Jurte wohnen. Sobira ist die Enkelin der Gastgeber und betreut das Jurtencamp. Es liegt auf zweieinhalbtausend Meter Höhe. Ich will mich hier in den Bergen etwas bewegen, um mich an die Höhe zu gewöhnen. Mit Sobira wandere ich in die Berge bis auf über 3000 Meter und an den Gültschö-Fluss, erkunde die Pflanzenwelt in der näheren Umgebung. Sie zeigt mir Bergdörfchen und ermöglicht mir einen Einblick in den Alltag der Bewohner. Die Bergbauern leben in einfachen Hütten ohne Strom und fließendes Wasser. Wahrscheinlich sah es bei uns in den Alpen vor 150 Jahren auch so aus.

Am Abend des zweiten Tages habe ich ein besonderes Erlebnis. Die Kühe gehen tagsüber in den Bergen spazieren, grasen auf Almen, wo sie saftiges Gras finden. Gegen Abend kommen sie von alleine zurück ins Dorf. Ich sitze vor meiner Jurte und lausche dem Bimmeln der Kuhglocken. Die Tiere meiner Gastgeber kommen zusammen heim, wie eine Wandergruppe nach einem Bergausflug. Es gibt ein Kälbchen, dessen Mutter wohl nicht mehr lebt, es hat großen Hunger. Der Vater von Sobira hält die Kuh eines Nachbarn fest, bevor sie in den Stall trottet – und lässt das Kälbchen so lange am Euter trinken, bis es satt ist. Als die Kuh halb leer ist, geben sie ihr einen Klaps und treiben sie zum Nachbarn, als wäre nichts gewesen. Der wundert sich wahrscheinlich seit Tagen, warum seine beste Kuh so wenig Milch gibt! Sobira und ich beobachten die Szene und lachen uns kaputt.

Alles riecht hier fremd für mich, und doch denke ich, dass die Menschen in Kirgistan einen Alltag leben, der sich nicht sehr von dem unserer Bauern in Deutschland unterscheidet. Sie stehen morgens mit der Sonne auf, arbeiten draußen, bis die Sonne wieder untergeht, sind abhängig vom Wetter und von ihrer Ernte.

30. Juni // Sarytasch // 7142 km

3615 Meter hoch ist der Taldyk-Pass im Alai-Gebirge, den ich auf dem Weg nach Sarytasch passiere. Oben am höchsten Punkt steht ein Nomadenmädchen und bietet Kurut an, Kuhmilchjoghurt, den die Nomaden herstellen. Ich bin seit meinem Magen-Darm-Desaster in Kasachstan vorsichtig und kaufe lieber nichts. Das Mädchen ist nicht sauer, im Gegenteil – es pflückt mir ein kleines Blumensträußchen von gelben Bergblumen und schenkt mir dieses. Eine bemerkenswerte kleine Begegnung!

Durch den Tienschan, den Alai und Transalai – die wichtigsten Gebirgsketten der Region – wird mein Weg mich nun nach Südosten über den Pamir Highway führen, der so überhaupt nichts mit einer Autobahn zu tun hat. Er ist eher high als schnell, ein Höhenweg, den auch die Chinesen nutzen, um Billigprodukte in den Westen zu transportieren und um Kohle aus Kirgistan nach China zu bringen. Die 1250 Kilometer lange Strecke ist offiziell ein Teilstück der Fernstraße M41 und gilt nach dem Karakorum Highway als zweithöchste befestigte Fernstraße der Welt.

Wobei „befestigt" ein Euphemismus ist. Der gesamte Schwerlastverkehr fließt über die abenteuerliche Route, in den engen Kehren bricht der Asphalt unter der ständigen Belastung, Löcher tun sich auf und machen die Fahrt gefährlich. Um die Berge anzuschauen, bleibe ich lieber stehen und steige von der Enduro ab. Es wird immer brauner und grauer, weil immer weniger wächst. Ab und zu sehe ich ein paar Farbtupfer in der Landschaft: Den Sommer über wohnen Nomaden hier oben in ihren bunten Jurten, sie haben große Pferdeherden dabei.

„In den Bergen leben große Wölfe", sagt Shamurat aus dem Guesthouse in Sarytasch. „Bei einer Skitour im Winter habe ich mal welche gesehen." Und einmal habe ein Wolf eine Nomadin angegriffen und am Bein verletzt. Ich schaue auf einen steinigen Hang, sehe jedoch nur wilde Kräuter und Gestrüpp.

1. Juli // Sarytasch // 7142 km

Es ist angenehm warm, der Regen hat sich in die Berge verzogen. Ich entschließe mich, eine kleine Tour in Richtung Grenzstation zu unternehmen, um die Straßenverhältnisse zu begutachten. Als ich zurückkomme, begegne ich kurz vor Sarytasch einer Gruppe Biker. Sie stehen mit ihren Enduros am Straßenrand. Ich halte an, um zu sehen, ob sie Hilfe benötigen. Eine jüngere deutsche Frau, ein Vietnamese mit einem etwa sieben Jahre alten Kind und zwei deutsche Männer sind mit geliehenen Enduros auf dem Weg in den Pamir hier gestrandet. Die Kette am Motorrad des Vietnamesen ist vom Kettenrad gefallen, sie kann nicht mehr nachgespannt werden.

„Wo kommst du her?", fragt mich die junge Frau erstaunt.

„Ich komme aus Deutschland."

„Aber doch nicht mit dem kleinen Moped!" Sie ist etwas genervt, weil es bereits früher Nachmittag ist und sie niemanden per Telefon erreichen, der das Motorrad abschleppen könnte.

„Und was machst du hier?", fragt neugierig der Vietnamese.

„Ich wohne hier", erkläre ich und zeige in Richtung des Guesthouse. Sie denken jetzt wohl, ich lebe schon länger in Sarytasch.

„Nein", stelle ich richtig. „Ich bin aus Deutschland gekommen und warte jetzt in einem Guesthouse auf mein Filmteam." Ob ich ihnen irgendwie behilflich sein könne, frage ich noch.

„Du könntest mir deine kleine Enduro verkaufen", scherzt der Vietnamese. Dann kommt endlich der sehnsüchtig erwartete

Transporter, der die fahrunfähige große Enduro zur Werkstatt schleppen soll. Der Vietnamese setzt sich mit einem der deutschen Männer aufs Motorrad, und so fährt die Gruppe weiter Richtung Tadschikistan. Ich bin heilfroh, mit meiner eigenen Maschine unterwegs zu sein, die inzwischen sauber und ohne Zwischenfälle ihre Arbeit macht. Die kleine Reiseenduro läuft und läuft, kämpft sich über Stock und Stein. Gibt nicht auf, auch nicht im Sand, im Geröll und auf Schotter! Zusammen federn wir die Schlaglöcher ab; ich eher im Stehen als im Sitzen. Den Weg in Richtung tadschikische Grenze habe ich gecheckt; ein Schlagloch am anderen, wenig Verkehr, die Straße verwandelt sich zunehmend in eine Schotterpiste. Zwei Motoradfahrer kommen mir entgegen, sie schaffen es kaum, die Grußhand zu heben. So sehr sind sie damit beschäftigt, ihre schweren Maschinen gerade zu halten.

Meine Honda ist leicht, aber sie ist auch langsam. Und je höher ich komme, desto lahmer wird sie. Der Motor dröhnt und knattert, die 11-PS-Maschine müht sich ab, insgesamt 250 Kilo die steile Piste hinaufzubefördern. Ich habe die Stimmen meiner Söhne in den Ohren.

Philip: „Über 3000 Meter wirst du Probleme mit dem Vergaser bekommen."

Imo: „Da wirst du Probleme bekommen auf dem Pamir Highway."

Philip: „Mutter! Der Vergaser ist für solche Höhen nicht gebaut!"

Imo: „Da müssen wir uns eine Lösung überlegen."

Ja, ja, ja! Ihr habt ja recht, antworte ich ihnen im Geiste. Im Vorfeld haben mir meine Söhne erklärt, warum es ab 3000 Metern aus technischen Gründen schwierig wird. Der kleine Vergaser kommt wegen des geringer werdenden Sauerstoffgehalts nicht mehr mit dem Benzin-Luft-Gemisch klar, die Leistung wird geringer. Ich wusste also Bescheid, dass es so kommen würde – und trotzdem bin ich etwas ratlos und mache mir Sorgen, wie ich es mit dem Moped über die hohen Pässe schaffen soll.

Per WhatsApp schicken mir Philip und Imo Vorschläge, wie ich das Problem beheben könnte.

„Stell die Schraube für das Luftgemisch anders ein!", schlägt Imo vor. „Dann kommt mehr Luft in den Vergaser!" Er hängt einen Link zu einer Seite in einem Motorradforum an, auf der genau beschrieben wird, wie das bei meiner Maschine funktioniert. Gute Idee, aber dafür brauche ich einen speziellen Schraubenschlüssel, den ich nicht dabeihabe. Ich hatte mir in Deutschland noch gedacht: „In Tadschikistan und Kirgistan wird es doch Menschen geben, die so einen Gemischschraubenzieher haben und mir das Motorrad einstellen können!" Falsch.

Wenn man das Luftgemisch falsch einstellt, geht möglicherweise die Zündkerze kaputt, es kann sogar zu einem Motorschaden kommen. Ich weiß von alldem nichts, die Leute vor Ort wissen auch nichts, also bin ich nun ohne Spezialwerkzeug unterwegs. Pech.

Die Benzin-Luft-Gemisch-Schraube kann ich nur wenige Millimeter drehen. Ich komme kaum ran. Das Schweizer Taschenmesser hilft auch hier. Den Luftfilter komplett ausbauen, wie mir rustikale Kirgisen geraten haben, werde ich sicher nicht. Ich spreche leise mit meiner Honda, ich glaube, das hilft:

„Wir nehmen uns einfach die Zeit."

Mit maximal 20 Stundenkilometern tuckert das Moped den Berg hoch. Ich gebe zu: Manchmal zweifle ich an meiner Expedition. Aber nicht jetzt!

„Wir schaffen das."

Wir sind hier, mein Moped und ich. Von Thurnhosbach in Hessen bis nach Zentralasien haben wir es schon gemeinsam geschafft. Nun sind wir wenige Kilometer vor der tadschikischen Grenze.

Spätabends kommen Johannes und Paul, das Filmteam, endlich

aus Osch an. Shamurat und ich haben uns schon Sorgen gemacht; doch den Grund habe ich schon erahnt: Sie haben tatsächlich in jeder Kurve angehalten und gefilmt. Ich habe den beiden den Weg beschrieben: „Wenn ihr in Sarytasch hineinfahrt, haltet euch links, eine von den holprigen Pisten müsst ihr abfahren, dann ist Shamurats Haus gleich am Esel rechts ..." Per WhatsApp schicke ich zur Sicherheit ein Foto des Esels. Paul, der den Weg suchen soll für den Fahrer Sham, hat den Esel nicht mehr gesehen, es ist bereits Nacht geworden. Als unser Gastgeber Shamurat den fremden SUV sieht, schwenkt er eine große Laterne. Sie sind da. Weit gereist. Ich bin ein bisschen berührt, und es ist seltsam, plötzlich jemanden von zu Hause zu sehen. Doch das Glück, sie endlich bei mir zu haben, überwiegt eindeutig. Wir umarmen uns und essen später zusammen zu Abend. Ich bin hier fast schon zu Hause. Paul und Johannes müssen sich nach dem langen Flug und der Anreise aus Osch ziemlich umstellen. Wir sind auf 3150 Meter Höhe, das muss der Körper erst mal verkraften.

Ich freue mich darauf, mit Paul und Johannes weiterzureisen. Paul, Anfang 20, längere dunkle Haare, Johannes, Mitte 40, beide große, schlaksige Kerle, beide absolute Individualisten, reiseerfahren, sie arbeiten öfter zusammen, haben schon einige Filmprojekte gemeinsam gemacht. Ich kenne sie seit Jahren von der Theaterarbeit. Doch so nah wie jetzt sind wir uns auch während der Arbeit am „Jungen Theater" in Eschwege selten gekommen.

Johannes schaut sich vor dem Haus um: „Was ist das dahinten?", fragt er etwas irritiert und zeigt mit spitzem Finger auf den pechschwarzen Himmel über den schneebedeckten Bergen, die in der Dunkelheit leuchten. „Da ist die Grenze zum Pamir", erläutere ich pragmatisch. Jetzt bloß keine Unsicherheiten aufkommen lassen. Doch er meint natürlich die düstere Wolkenwand, die drohend über den Bergspitzen hängt. „Lasst uns morgen entscheiden, ob wir fahren können", versuche ich zu besänftigen, obwohl auch mir angesichts der dunklen Wolken etwas unheimlich zumute ist.

Shamurats Guesthouse ist nun voll: das Filmteam, der Fahrer, zwei Fahrradreisende aus den USA und ich. Jeder mit seiner Geschichte. Glücklicherweise sind alle Reisenden müde. So wird nicht allzu lange palavert. Wir verschwinden bald in unseren Betten.

*Am Otmok Pass wird es
kalt: Die Regenkleidung
muss her*

Immer wieder
schiebe ich die Karre
aus dem Dreck

Paul schiebt mit

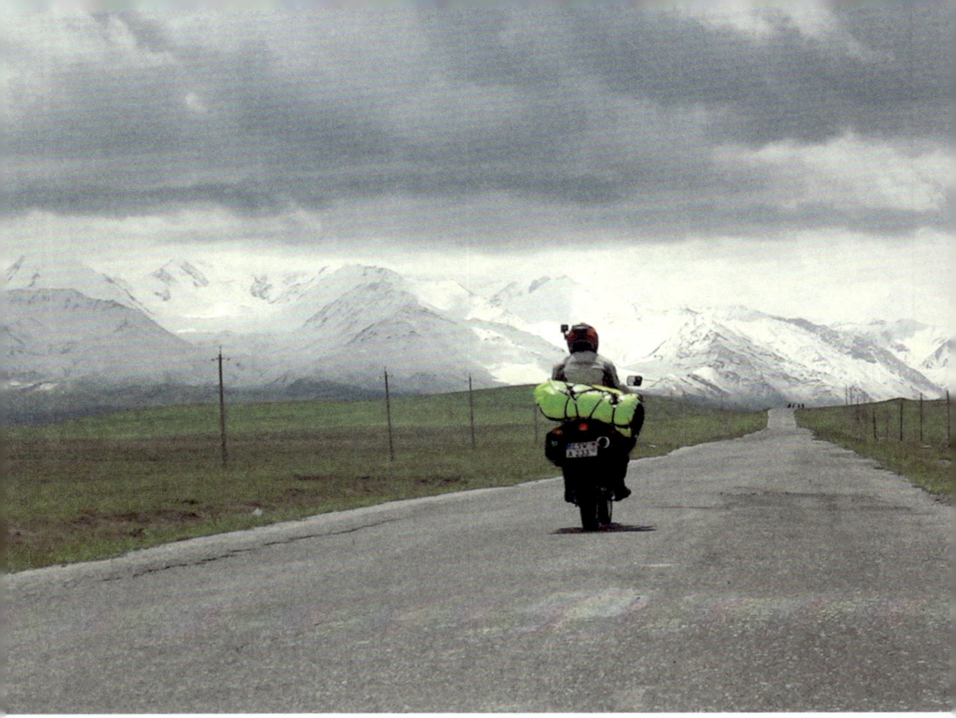

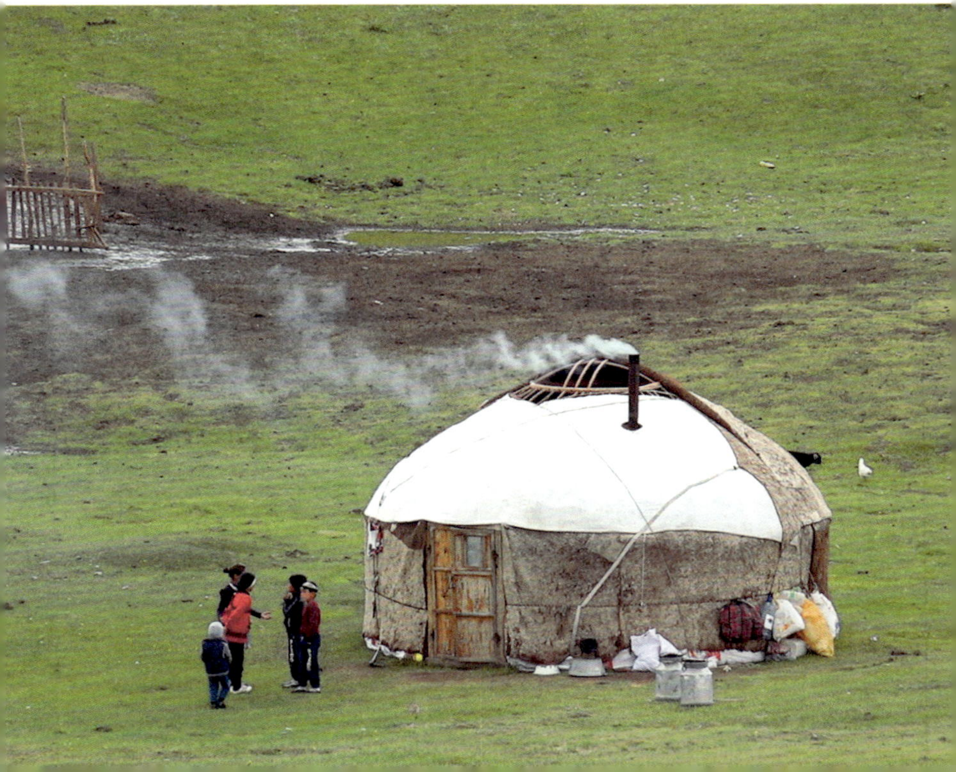

Ein faszinierendes Szenario:
Es geht in den Pamir

Im Grenzgebiet leben die
Nomaden in ihren Jurten

Nomadenkinder
begrüßen neugierig
die Fremde

Beim Sturz bricht
der Kupplungshebel

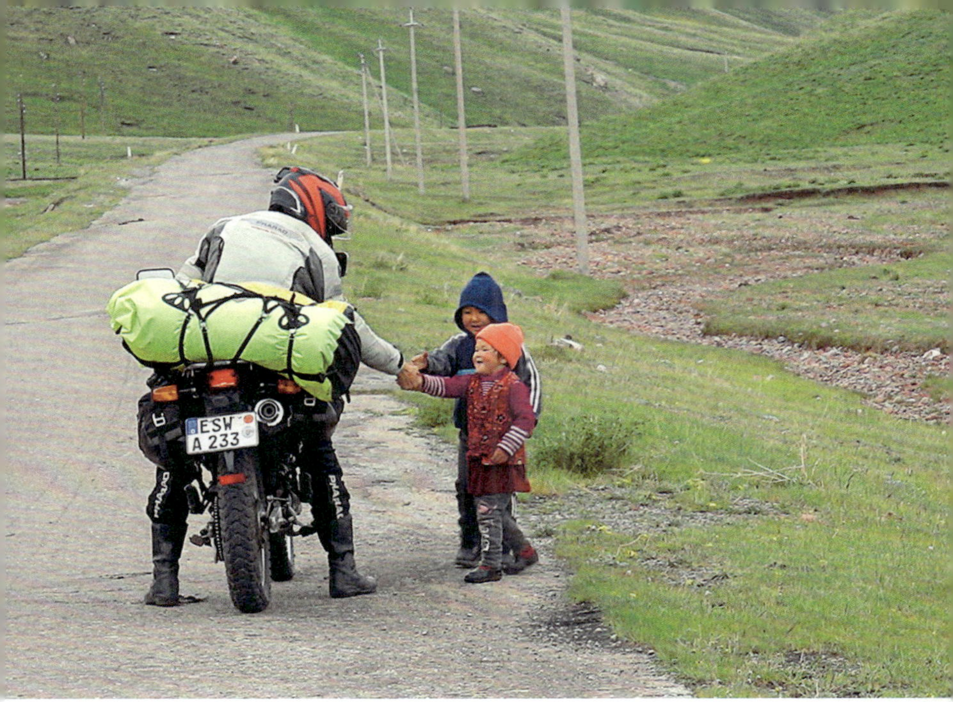
ESW
A 233

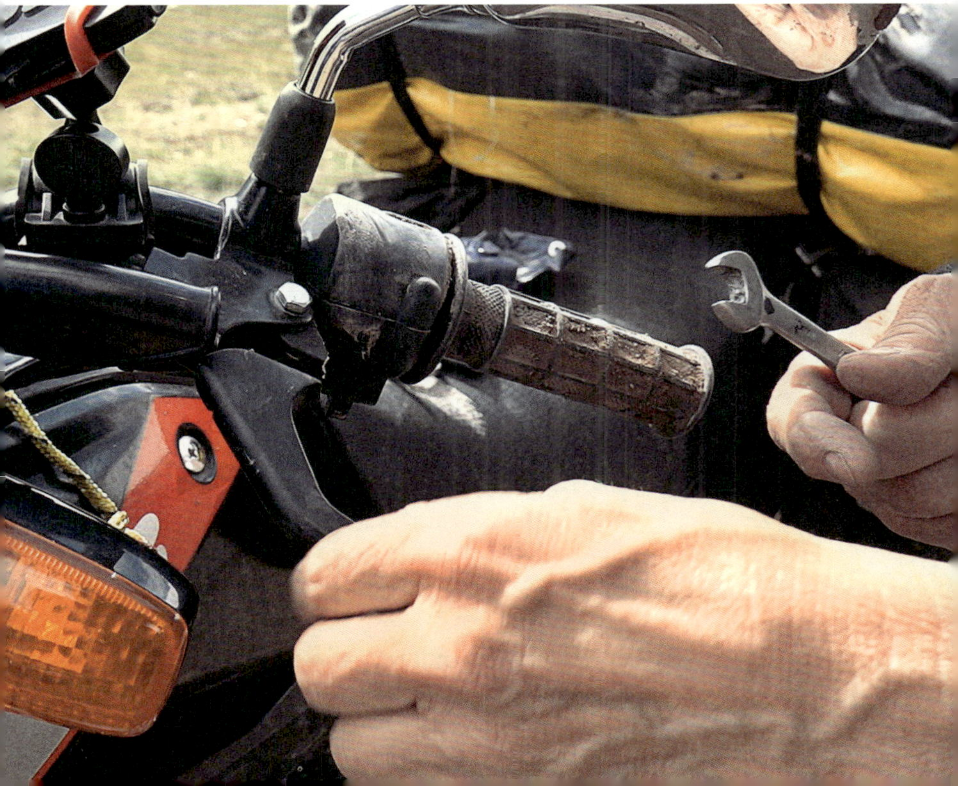

Harte Witterungs-
bedingungen am
Kyzyl-Art Pass

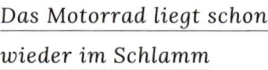

Das Motorrad liegt schon

wieder im Schlamm

Freundliche
Begegnungen
an der Grenze

Der Pass ist
überwunden

Tadschikistan

3. Juli // Karakul // 7242 km

Sham, unser Fahrer im Pamir, ist kirgisischer Abstammung. Er arbeitet für eine Autoverleihfirma in Osch und fährt diese Strecke durch den Pamir oft. Er ist ein asiatischer Typ, schmal, kaum größer als ich, mit dunklem Teint, dunklen Augen und schwarzen Haaren. Er wirkt, als könne ihn nichts erschrecken, nicht mal eine 64-jährige Frau in Motorradkluft, die auf eine schwer beladene 125er steigt, um auf einer gefürchteten Bergpiste in den Pamir zu knattern. Der Aufbruch zur Grenze nach Tadschikistan zieht sich hin, das Filmteam filmt erst mich und dann die Landschaft. Die schneebedeckten Berge der Transalai-Kette des nördlichen Pamir, darunter der Pik Lenin mit 7134 Metern, verschwinden in dunklen Regenwolken. Als ich in der Region angekommen bin, war es noch trocken und klar, nun habe ich Sorge, die Passüberquerung nicht rechtzeitig zu schaffen, bevor das Wetter völlig umschlägt. Ich würde gerne zügig weiterkommen, doch das Moped wird in dieser Höhe noch langsamer, und die Filmerei ist manchmal auch ziemlich aufwendig.

Heute will ich den Kyzyl-Art-Pass bewältigen, eine der schwierigsten Passagen meiner Route. 30 Kilometer haben wir noch vor uns im Niemandsland zwischen der tadschikischen und kirgisischen Grenze, das Gelände wird immer steiler. Zudem fängt es an zu regnen, die bisher staubige Piste wird schmierig. Rötlicher Schlamm spritzt hoch, die Sicht ist schlecht, ich fange an zu frieren. Wir sind fast auf 4000 Metern, der Regenmatsch verwandelt sich nach und nach in Schneematsch. Manchmal bleibe ich stecken, die Räder drehen durch. Wenn ich noch langsamer werde, steigt die Gefahr, dass ich stecken bleibe und umkippe. Und während ich noch überlege, was dabei alles passieren könnte, passiert es auch schon ... ich liege im Matsch. Zum Glück bin ich nicht verletzt, und das Motorrad ist auch heil geblieben.

Zwei weitere Male schmeißt es mich.

„Mensch, Margot, fahr schneller!", ruft Paul von hinten aus dem Auto.

Ich sehe im Rückspiegel, wie Sham ins Lenkrad beißt. Oh Gott. Es geht halt nicht schneller!

Damit ich von der Stelle komme, laden wir so viel Gepäck wie möglich in den Geländewagen um. Das hilft, ich falle nicht mehr um. Die physische und psychische Belastung auf dieser Strecke ist enorm. Es schneit, die Reifen versinken immer tiefer im Matsch, und negative Gedanken kommen auf. Eine nörgelnde, fiese Stimme zerrt an meinem Selbstbewusstsein:

Das geht eigentlich überhaupt nicht, was du da gerade machst.

Du kannst das doch gar nicht!

Gib auf!

„Nein, nein, nein!" Umdrehen würde die Sache nicht besser machen, nur verlängern. Das Motorrad auf das Auto laden? Keine Chance. Absteigen, zelten und auf besseres Wetter warten? Zu riskant, wer weiß, wie lange es weiterschneit. Die Enduro zurücklassen und später holen? Ebenfalls zu riskant. Also weiter. Ich kann das!

Aber wie? Es gibt keine optimale Lösung, diesen Pass zu bewältigen. Mitten auf dem Weg fahren ist schlecht, weil da der Matsch am tiefsten ist. Am Rand geht es besser, doch dort liegen auf der einen Seite große Steine, und auf der anderen ist der Abgrund.

Drei Stunden nach der Abfahrt in Sarytasch auf 3150 Meter Höhe nähere ich mich der Grenze zu Tadschikistan. Es fühlt sich an, als wäre ich dreimal so lange unterwegs gewesen. Verdreckt, mit durchgefrorenen Fingern, die ich immer wieder am Motor aufwärmen muss, erreiche ich schließlich den tadschikischen Kontrollposten. Ich bin total aufgeweicht, sowohl körperlich als auch mental völlig am Ende, als wir endlich die Passhöhe erreichen. 4280 Meter! Noch nie war ich so hoch, schon gar nicht mit einem Motorrad. Ich kann kaum beschreiben, was ich fühle. Es ist ein Zustand, der sich innerhalb von Minuten von fast völliger Verzweiflung in Dankbarkeit und Euphorie verwandelt. In dem Moment, in dem ich die Grenze passiere, weiß ich: Das ist einer der glücklichsten Momente meiner Tour.

Oben erwarten mich eine eisige Schlammfläche, eine graue Wolkenwand – und unfreundliche Grenzbeamte. Einer der Grenzer will mir für die Passage 100 Dollar abnehmen. Sham, unser Fahrer, kann das zum Glück abbiegen. Ziemlich fies, jemanden, der sich so hochgekämpft hat, auch noch abzuziehen. Zumal Tadschikistan gerade das „Jahr des Tourismus" ausgerufen hat. Die Weiterfahrt auf über 4000 Meter Höhe im kalten Wind mit nassen, verschlammten Klamotten bis zum Karakul-See verbraucht meine letzten Kraftreserven. Links ist die chinesische Grenze. In der Bergregion zwischen China und Tadschikistan zeigt sich der Pamir von seiner wilden Seite. So muss es wohl schon vor Zehntausenden Jahren hier ausgesehen haben. Reine Natur. Keine Menschenseele wird wohl hier jemals etwas verändern. Die Bergwelt beeindruckt mich sehr. Ein Mensch fällt hier nicht sonderlich ins Gewicht.

Am Karakul-See kommen wir bei der Familie unseres Fahrers Sham unter. Als ich verdreckt und erschöpft das unscheinbare Häuschen betrete, in dem die Menschen leben, erkennen sie sofort, was wir brauchen. Einen warmen Ofen. Heißen Tee. Eine Suppe. Mehr ist manchmal nicht nötig, um völlig zufrieden zu sein mit sich und der Welt.

4. Juli // Murghab // 7602 km

In Murghab leben die Menschen ohne Strom und fließendes Wasser auf über 4000 Meter Höhe. Shamils Familie wohnt in einem einfachen, niedrigen Lehmhaus. Es gibt kaum Möbel. Die Toilette ist draußen, ein Plumpsklo ohne Dach. Im Winter bei minus 30 Grad muss es ziemlich hart sein, seine Notdurft zu verrichten. Die meisten Häuser sind aufgeteilt in einen Wohn- und Schlafbereich und einen Arbeitsbereich – da ist die Küche, oft kommen dort auch die Tiere unter. Es gibt ein Badezimmer mit Dampfsauna (Banja), in dem wir uns aufwärmen und waschen können. Eine Wohltat! Gekocht wird auf offenem Feuer, es gibt weder Strom noch Gas. Aus Mangel an Holz verwenden die Einheimischen auch hier getrockneten Dung. Die Frauen sind nicht verschleiert, denn die Menschen leben mit einem gemäßigten muslimischen Glauben. Alle sind ziemlich arm. Im Pamir hilft die Aga-Khan-Stiftung, die schwierige Lage der Menschen zu verbessern, sie finanziert Brunnen, Schulen und Krankenhäuser.

Im Wohnzimmer von Shamils Familie in Murghab sitzen wir auf weichen bunten Decken auf dem Boden an einem niedrigen Tischchen. Es gibt frisch gebackenes Brot, dazu trinken wir duftenden heißen Tee. Der Brotgeruch löst etwas aus in mir. Jetzt gute deutsche Butter und ein Löffelchen Marmelade von den süßen Himbeeren aus meinem Garten! Plötzlich kommt Heimweh auf. Nach zu Hause, nach Essen, das ich kenne, nach meinem Garten, in dem ich mich so gerne aufhalte, nach den Katzen ... Doch das geht schnell vorbei. Das Feuer, das im Eisenöfchen brennt in der Stube, der heiße Tee, die Gespräche zwischen Shamil und seiner Familie, die ich nicht verstehe und nicht verstehen muss, all dies lässt mich nach der langen, anstrengenden Fahrt heute über den Pamir Highway langsam eindösen. Wir schlafen gemeinsam mit der Familie von Sham, auf Decken gebettet, auf dem Boden.

8. Juli // Khorugh // 7924 km

Kein Staub, keine Abgase, kein Verkehr, keine Siedlungen, keine Wiesen und Wälder – nur reine, frische Gebirgsluft. Auf 4200 Metern genieße ich die Abwesenheit von Gerüchen. Bei den Stopps auf diesem hoch gelegenen Abschnitt des Pamir Highway stehe ich da und lasse die reine Atmosphäre auf mich wirken. Die Ruhe und die Weite tun mir gut. Ich sammele mich innerlich für den wohl schwierigsten Abschnitt meiner gesamten Tour.

Über den Ak-Baytal-Pass mit 4655 Meter Höhe geht es weiter auf dem Pamir Highway Richtung Südosten. Hinter Alichur beginnt der Wakhan-Korridor mit der beeindruckenden Pamir-Piste. Hier will ich die M 41 gen Süden Richtung Berg-Badachschan verlassen. Für diese Passage benötige ich eine Sondergenehmigung, das GBAO Permit. Die Strecke führt entlang der chinesischen und der afghanischen Grenze.

Die kleinen Orte im Pamir stellen ihre Stromversorgung über Dieselgeneratoren oder Solarkollektoren sicher. Handys und Powerbank können tagsüber gar nicht und abends nur bis maximal 23 Uhr aufgeladen werden. Dann wird hier alles abgeschaltet. Eine Verbindung zum Internet ist dann nicht mehr möglich. Erst an den Ufern des Panj-Flusses versorgen wassergetriebene Stromkraftwerke die Pamiris wieder mit Energie. Wenn etwas passiert, gibt es wahrscheinlich weit und breit keinen Arzt. Internationale Rettungsflüge sind nicht möglich, aus politischen Gründen können keine ausländischen Flugzeuge dort landen. Es wird schon alles gut gehen, sage ich mir.

Die Piste ist herausfordernd. Sand, Schotter, Rinnen, Löcher, schwindelerregende Steigungen und Gefälle. Als ich versuche, vor dem Queren einer trockenen Wasserrinne in einen niedrigeren Gang zu schalten, betätige ich nur die Vorderbremse. Eine unselige Angewohnheit von mir. Der vordere Reifen blockiert, der Hinterreifen rutscht im losen groben Schotter weg. Was in den nächsten Sekunden passiert, läuft wie in Superzeitlupe vor meinen Augen ab. Ich fliege in hohem Bogen vom Motorrad und lande im Geröll am Rand der Piste. Diesen Sturz hätte ich wohl mit ein paar blauen Flecken und Prellungen überstanden, doch das Motorrad kracht hinter mir her und knallt mit einer Eisenkante auf meinen rechten Knöchel.

Beim Aufprall schlägt mein Kopf auf den Boden, bei geöffnetem Visier, weil es mittlerweile so zerkratzt ist, dass ich mit Visier kaum noch klar sehen kann. Mein Mund ist voller Sand, mein Gesicht tut weh. Sofort spüre ich einen heftigen Schmerz im rechten Bein. Ich schaue noch mal hin: Ja, wirklich. Die Maschine ist auf meinem rechten Knöchel gelandet, mein Fuß ist zwischen dem Motorrad und dem steinigen Boden eingequetscht worden.

Paul, Johannes und Sham springen aus dem Wagen und eilen zu mir. Sie stellen das Motorrad wieder auf. Ich spucke den Sand aus, der immer noch in meinem Mund ist, und schaue mich um. Die drei wirken betroffen und hilflos. Sie wollen mir auf die Beine helfen, Doch ich stelle fest, dass ich nicht stehen kann. Meine Begleiter schieben die Enduro an den Wegrand, ich setze mich in den Schatten einer Mauer, fluche und jammere. Mein Knöchel schwillt an, er wird dicker und dicker. Innerhalb von Minuten ist er so groß wie ein kleiner Kürbis. Ich habe so etwas noch nie gesehen. Es sieht beschissen aus.

Ich weiß nicht, was schlimmer ist: der furchtbare Schmerz oder der Gedanke, dass dies das Ende meiner Reise sein könnte. In diesem Moment höre ich die Geräusche von zwei Motorrädern, die aus Richtung Duschanbe kommen. Ein etwa 30-jähriger Mann – Vollbart, breite, kräftige Statur – steigt ab, kommt sofort auf mich zu und beginnt, auf Englisch mit polnischem Akzent mit mir zu sprechen, in ganz ruhigem, gefasstem Ton. Er stellt Fragen, die in so einem Moment eben zu stellen sind.

„Was ist passiert?"

„Wo tut es weh?"

„Kannst du den Fuß bewegen?"

Der Mann holt einen kleinen Notfallkoffer mit Verbandmaterial und Medikamenten. Er ist ganz offensichtlich ein ausgebildeter Ersthelfer, das erkenne ich sofort. Er komme aus Polen, sei Sanitäter bei der Polizei in Breslau und reise zusammen mit seinem Vater auf der gleichen Route wie ich, nur in die andere Richtung, erklärt er mir. Selbst als Ersthelferin ausgebildet, weiß ich seine Ruhe und sein professionelles Handeln sehr zu schätzen, ist doch genau diese menschliche Zuwendung im Notfall das, was einem Verletzten die große Sorge nimmt, verloren zu sein.

Nun gibt er mir ein Eisspray in die Hand, ich soll es auf meinen Knöchel sprühen, damit ich etwas zu tun habe. Er berührt sanft meinen Knöchel. Im selben Augenblick wird alles besser. Das ist bereits der Moment, in dem mein Fuß anfängt zu heilen. Ich habe höllische Schmerzen, aber keine Angst mehr. Ich hätte mir auch den Hals brechen können bei diesem Sturz! Meine Begleiter sind geschockt, filmen jedoch die ganze Szene mit. Profis eben.

Der Mann aus Polen – ich kenne seinen Namen nicht – gibt mir noch eine Heparinspritze wegen der Thrombosegefahr, packt seinen Notfallkoffer zusammen, wünscht mir alles Gute, steigt wieder auf sein Motorrad und verschwindet so schnell, wie er aus dem Nichts aufgetaucht ist. Wie unwahrscheinlich ist es, dass am Ende der Welt genau dann ein Rettungssanitäter auf der Bildfläche erscheint, wenn man schwer stürzt? Ist so etwas wirklich Zufall? Ich bin mir sicher, dass ich schon zum zweiten Mal auf meiner Reise einem Engel begegnet bin.

Der polnische Engel hat mir geraten, meinen Fuß hochzulegen, zu kühlen und ein paar Tage Pause einzulegen. Ich kann erst mal nicht weiterfahren, das steht fest. Mein Knöchel ist so dick, dass ich nicht mehr in der Lage bin, den Stiefel anzuziehen. Jemand anderes muss das Moped nach Khorugh bringen, zwei Tagesetappen entfernt, während ich im Auto das Bein hochlege. Ich schaue mich um und sage:

„Jemand anderes muss fahren!"

Alle schauen weg. Nur Paul nicht. Also wird er ausgewählt als Ersatzmotorradfahrer.

Das Gute daran: Er passt im Gegensatz zu Johannes in meine Kleidung.

Das Schwierige: Paul saß noch nie auf einem Motorrad. Es ist eine absurde Situation: Nach meinem Crash gebe ich dem jungen Mann einen Crashkurs im Motorradfahren.

„Hier rechts ist das Gas."

„Okay."

„Hier links die Kupplung."

„Okay."

„Die Bremshebel, rechts oben und unten."

„Okay."

„Da unten, die Gangschaltung."

„Okay."

Was soll ich sagen: Der junge Mann nickt, setzt sich auf den Sattel, gibt Gas und fährt einfach los. Er macht das gut. Ein Naturtalent. Später kann ich seiner Mutter mal erzählen, wie ich ihrem Sohn das Motorradfahren beigebracht habe, auf einer Geröllpiste in Tadschikistan.

Wir witzeln herum: Auf die Frage, wo er denn so gut Motorrad fahren gelernt habe, kann Paul dann später immer antworten: „Am Hindukusch."

Zwei Tage später erreichen das Filmteam und ich die Hauptstadt des Pamir, Khorugh. Die Stadt liegt am Zusammenfluss von Panj und Ghunt an der afghanischen Grenze und ist umgeben von hohen, kahlen Bergen mit bis zu 5000 Meter Höhe. Auf der Suche nach einem Guesthouse verfahren wir uns auf einer schmalen Bergpiste, unser Fahrer will wenden und rutscht mit dem rechten Hinterreifen in eine Müllkippe. Erst mit der Hilfe von freundlichen Pamiris schaffen wir es, den schweren Toyota wieder aus dem stinkenden Dreck zu ziehen. Bei dieser Aktion treffen wir Bachodur, der ein Hostel in der Stadt hat und uns nach der Rettung gerne zu seinem Haus geleitet.

Wir mieten uns in Bachodurs Hostel ein. Hier verabschiedet sich das Filmteam. Johannes und Paul reisen mit dem Fahrer nach Duschanbe und von dort aus zurück nach Deutschland. Zurück in ihren Alltag – während ich mich nun der Angst nach einem Sturz zuwenden muss. Ich will versuchen, mich von meinem Sturz so gut zu erholen, dass ich bald weiterfahren kann. Vielleicht in drei, vier Tagen, hoffe ich.

Ich bin nun im Süden von Berg-Badachschan angekommen, in der Nähe des Wakhan-Korridors, der den Norden Afghanistans mit Tadschikistan verbindet. Das Auswärtige Amt rät dringend davon ab, durch diese Gegend zu fahren. Immer wieder kam es hier in den letzten Jahren zu Zwischenfällen – Gefechten, Brand-anschlägen, Morden und plötzlichen Unruhen zwischen Regie-rungsgruppen und Oppositionellen. Genau in dieser Gegend bin ich gestrandet.

9. Juli // Khorugh// 7924 km

Es ist der 45. Tag meiner großen Reise. Ich bin heute keinen Kilometer gefahren. Das Wetter ist wie beinahe immer: Sonne, über 30 Grad im Schatten. Für heute habe ich den Kommentar von Daniel Rintz zu Tadschikistan auf die Tagebuchseite geklebt: „Hört sich gut an. Du wirst bestimmt eine gute Zeit haben." Da hatte ich ihm meine gesamte Reiseroute aufgelistet, auch Khorugh.

Daniel Rintz, ein sehr erfahrener Motorradweltreisender, be-gleitet mich gegen ein Entgelt für sein neues Filmprojekt unter-wegs auf WhatsApp. Gibt mir hilfreiche Tipps. Stützt mich.

Wie anders als durch diesen Unfall. der mich zwingt hierzu-bleiben, hätte ich die Gastfreundlichkeit der Menschen im Pamir erfahren können? Hätte nicht erlebt, wie der Bruder meines Gast-gebers Bachodur mir Suppe bringt, die gleiche, die auch die Arbei-ter der nahen Fabrik bekommen. Hätte nicht den frisch gebacke-nen Krapfen probieren können, den die Kinder draußen erhalten. Hätte nicht erfahren, wie man mich in aller Ruhe genesen lässt und sich der Hausherr entschuldigt, wenn er die von mir genutzten Räume betreten muss, die sonst vermutlich sein Zuhause sind. Ich habe Familienanschluss gefunden. Mit dem jüngeren Bruder von Bachodur korrigiere ich die Hinterradbremse meines Motorrads; sie hat sich fast vollständig festgezurrt, und ich kann den Hinter-reifen kaum mehr von Hand drehen.

10. Juli // Khorough // 7924 km

Mit Bachodur und seiner geliebten Mara esse ich zu Mittag und erfahre dabei Interessantes über die Stadt mit ihren knapp 30.000 Einwohnern. Khorugh ist die Hauptstadt des autonomen Gebiets Berg-Badachschan in Tadschikistan. Der Ort liegt auf über 2000 Meter Höhe, trotzdem ist es inzwischen heiß geworden, allerdings wohl kühl im Vergleich zu Duschanbe. Am Samstag findet hier der sogenannte Cross Border Market statt, auf dem Afghanen und Tadschiken Waren anbieten und kaufen. Für diesen Tag kann man die Grenze nach Afghanistan auch ohne Visum überqueren. Das wäre doch was ... ein weiteres Land in meiner Sammlung. Allerdings hoffe ich, am Samstag bereits wieder on the road zu sein. Aufbrechen kann ich aber erst, wenn mein Kürbisfuß, der immer noch einem geschwollenen, blutunterlaufenen Klumpen gleicht, so weit abgeheilt ist, dass ich wieder in den Motorradstiefel komme.

Dazu kommt die Angst vor dem nächsten Sturz. Manchmal kriecht sie kalt in mir hoch.

„Sofort wieder aufs Bike!", sagen meine Berater per WhatsApp.

Es wäre wohl richtig weiterzufahren, denke ich mir. Doch es geht noch nicht. Also reinige und pflege ich mein Reisemoped vorerst nur, nähere mich ihm vorsichtig an, streiche mit der Hand über die Schäden, die beim Sturz entstanden sind, setze mich auch mal drauf, ohne zu fahren, und hoffe, dass ich bald eine kleine, vorsichtige erste Runde drehen kann. In der Zwischenzeit plane ich die weitere Route. Noch bin ich im Zeitplan, erst am 1.8.2018 muss ich mich an der Grenze zu Turkmenistan einfinden.

Die Menschen hier sind in Feierlaune; ihr Oberhaupt Aga Khan hat 60. Geburtstag. Die Frauen tragen glitzernde, bunte Kleider. Abends flanieren alle auf den Straßen. Die ganze Stadt hat sich mit Blumen und Girlanden geschmückt, um den schwerreichen Wohltäter zu feiern. Das Oberhaupt ist aus Sicht der hier lebenden Ismailiten der rechtmäßige Nachfolger des Propheten Mohammed. Er unterstützt die Pamiris durch den Ausbau von Infrastruktur, Arbeitsplätzen und Bildungsinvestition. Ohne die Aga-Khan-Stiftung hätten die Menschen im Pamir die Jahre des Bürgerkriegs wohl kaum überstanden.

11. Juli // Khorugh // 7924 km

In den ersten Tagen nach dem Sturz kann ich das Haus kaum verlassen. Irgendwann bin ich immerhin so mobil, dass ich aus dem Hostel humpeln und die nähere Umgebung erkunden kann. In meinem Rucksack sind 2000 US-Dollar in bar, für den Iran, dort kann man kein Geld abheben. Die Dollar lasse ich in meinem Zimmer. Zu keinem Augenblick hat jemand mein Geld angetastet, und ich hatte auch keine Sorgen deswegen. Bachodur hat vor dem Hostel seinen jüngeren Bruder postiert. Er passt nicht nur auf meine Wertsachen auf, er schaut auch immer wieder, wie es mir geht, und bringt mir Tee.

So nett die Leute im persönlichen Umgang mit mir sind – die angespannte politische Lage ist überall im Ort zu bemerken. Ich sehe schwer bewaffnete Militärs und Polizeitruppen, die unentwegt an den Ufern des Flusses patrouillieren. Sie versuchen, den Drogenhandel zu unterbinden. Der Opiumanbau in Afghanistan nimmt zu, und obwohl für den Reisenden kaum sichtbar, ist das florierende Geschäft gut zu erkennen. Ab und zu sieht man große teure Autos mit schwarzen abgedunkelten Scheiben, sie rasen in hohem Tempo durch die Stadt, begleitet von Polizeieskorten. Ich empfinde ein permanentes Gefühl von Bedrohung.

Und trotzdem: Nach ein paar Tagen streiche ich durch diese fremdartige Welt, als wäre es völlig natürlich, hier zu sein. Bewege mich zwischen den überaus freundlichen Pamiris, einige kennen mich schon und grüßen mich auf der Straße, erkundigen sich nach meinem Befinden. *Der Sturz mit dem Motorrad hat mich auf seltsame Weise dem fremden Land nähergebracht.* Und nun schleichen auch schon die Katzen auf seidigen Pfoten durchs offene Fenster zu mir herein, ganz wie bei mir zu Hause.

12. Juli // Khorugh // 7924 km

Es wird geschmückt, gefeiert, gelacht und getanzt. Gestern fast die ganze Nacht hindurch.

Ich mittendrin. Die Menschen haben mir Platz gemacht und mich zu den Tanzenden vorgeschoben, damit ich besser filmen kann. Die Tadschiken sagen, sie seien Arier, und tatsächlich sehen einige von ihnen sehr europäisch aus.

Mein Fuß heilt jeden Tag ein wenig mehr, und obwohl er sich blau und grün verfärbt von der inneren Blutung, bin ich bereits wieder aufs Motorrad gestiegen und habe ein paar Proberunden gedreht. Die Angst vor einem neuen Sturz nicht groß werden lassen, sagen meine Motorradberater. Darunter mein Sohn Philip, der weiß, wovon er redet.

Irgendetwas stimmt nicht mit meiner tadschikischen SIM-Karte fürs Smartphone. Das Guthaben wurde nicht richtig gespeichert, sie ist dauernd leer. Auf der Suche nach einem Geldautomaten nehme ich einen kleinen Bus ins Zentrum und steige beim Basar aus. Bargeld gibt es allerdings nicht, die Automaten sind alle defekt oder leer. Ich entscheide mich, in einer kleinen Bar am Fluss essen zu gehen. Hühnchen gibt es und Reis, wie so oft. Das verträgt mein etwas angeschlagener Magen, der seit Baikonur nicht mehr ganz so stabil ist. Zum Essen möchte ich Wasser trinken und gebe die Bestellung auf. Die Kellnerin sieht mich erstaunt an.

„Wasser", sagt sie lachend und zeigt zum Fluss. „Da!"

Auf meinen irritierten Blick hin ergänzt sie: „Wasser gibt es hier unten im Fluss. Bei uns bekommst du guten Tee."

Humor haben sie, die Tadschiken. Sie lachen und reden gerne.

Ich soll auf jeden Fall bis Samstag hierbleiben, sagt Bachodur, um den Cross Border Market zu besuchen. Er hat recht. Die Pause tut mir gut. So viel gibt es hier zu erleben. Den bunten Basar. Die schönen Gewänder und Gesichter der Frauen. Die vielen kleinen Lokale. Mit einer Marschrutka, einem kleinen weißen Minibus, *made in China*, fahre ich ins Zentrum. Die Dinger sind überall in der Stadt unterwegs. Man hält sie an der Straße an. Steigt ein. Spezielle Haltestellen gibt es nicht. Die einfache Fahrt kostet zwei Somoni, umgerechnet 0,18 Cent.

13. Juli // Khorugh // 7924 km

Damals in Osch, in MuzToo's Werkstatt, haben die beiden türkischen Motorradfahrer noch gewitzelt, dass ich nach Afghanistan ausreisen könne, wenn das Motorradvisum für Tadschikistan ablaufe und ich es nicht rechtzeitig zur Grenze schaffte. Über solche Späße lache ich besonders gerne, weil die Visumpraxis in Tadschikistan jeder Logik entbehrt und die Regeln für uns Nordeuropäer nicht nachvollziehbar sind. 15 Tage fürs Moped, aber 45 Tage für die Person. Und nun hat es mich voll erwischt!

Ich fasse zusammen: Kyzyl-Art-Pass, Schlamm, Schneetreiben, 100 Dollar wollte der Grenzer für die Passage haben, Sham, unser Fahrer, konnte das abbiegen. An jenem verhängnisvollen Schlammtag habe ich vergessen, die Papiere zu prüfen, die Sham für uns bei den Grenzern einholte. 15 Tage hätten gereicht, wenn der Sturz nicht dazwischengekommen wäre. Doch vor lauter Fußproblemen habe ich in der Zwischenzeit nicht mehr an das Visum gedacht – und stecke deswegen nun in einem Dilemma.

Der spezielle Witz: Ich kann erst am 20. 7. in Usbekistan einreisen, ab da ist mein Visum gültig, mein Reisemoped soll Tadschikistan bereits am 18.7. verlassen. Soll ich es vielleicht alleine vorausschicken?

Für die Fahrt nach Duschanbe hatte ich eigentlich kleine Etappen geplant, etwa eine Woche, meines noch recht angeschlagenen Fußes wegen. In Duschanbe würden eine Motorradinspektion und wieder ein Ölwechsel anstehen. Folglich wollte ich etwa am 23.7. Tadschikistan verlassen. So weit der Plan. Er würde nicht funktionieren.

Ach ja, heute ist übrigens Freitag, der 13.!

Ich habe Bachodur nun auf die ganze Angelegenheit angesetzt. Er ruft bei Pontius und Pilatus an, es ist bereits später Abend, er erreicht nichts.

„Wir gehen morgen auf den Markt", schlägt er vor.

„Gut. Aber was hilft mir das mit meinen Papieren?"

„Es ist vielleicht möglich, das Formular zu ergänzen."

„Ergänzen?"

„Ja, du wirst schon sehen. Das wird ein bisschen was kosten. Außerdem kannst du dort gute Fotos machen."

„Meinst du, das klappt?"

„Es wird schwieriger, das Visum in Duschanbe zu verlängern, wenn es bereits seit fünf Tagen abgelaufen ist", sagt Bachodur.

Auf dem Markt kann ich keine schönen Bilder machen. Der Cross Border Market bleibt heute aufgrund eines Feiertags geschlossen. Stattdessen besuche ich in der nachmittäglichen Bruthitze von Tem, einem Vorort von Khorugh, einen kahlen Grenzposten. Bachodur, ein Freund von ihm, ein Zollbeamter und ich fahren im schwarzen Mercedes mit schwarz getönten Scheiben dorthin. Mehr als vier Stunden dauert die Prozedur, zwei Männer werden per Telefon noch dazugerufen. Irgendwann bringen sie mir Wasser unbestimmter Herkunft ...

Nun hat mein Moped bis zum 29.7. Zeit, das Land zu verlassen, doch mein E-Visum für Tadschikistan ist bei der Bearbeitung leider verschwunden. Zwar habe ich noch eine Kopie davon, ob ich diese brauche oder eines der anderen Formulare es ersetzt, kann ich nicht klären.

Über den Pantsch River führt eine Brücke, die von der Aga-Khan-Stiftung zum „Zwecke der Völkerverständigung" erbaut wurde. Und über diese einfache Stahlbrücke geht die Straße hinein nach Afghanistan, tief in den Hindukusch und Richtung Südwesten weiter. Nach 600 Kilometern ist man in Mazar-e Sharif, dem Bezirk, in dem auch deutsche Soldaten im Rahmen der Mission „Resolute" ihren Dienst leisteten.

15. Juli // Rushon // 8004 km

Immer noch Tadschikistan. Immer noch Afghanistan im Blick. Die natürliche Ländergrenze bildet der Pyanzdh River. Der Pamir türmt sich auf tadschikischer und afghanischer Seite auf bis zu 5000 Meter hoch, die Piste geht kontinuierlich bergab, von 2000 Metern bis hinunter auf 1200 Meter in Kalaikum.

Immer noch Schlagloch an Schlagloch. Heruntergestürzte Geröllreste. Schotter. Sandverwehungen. Abbrüche zum Fluss hin. Chinesische Trucks scheppern über die Piste. Landcruiser krachen über Stock und Stein. Hinterlassen eine Staubfahne, in der man Augenblicke lang die Straße nicht mehr sieht, und überziehen alles, auch mich und die Enduro, mit feinem grauem Staub, der sich überall festsetzt. Meinen geschwollenen Fuß kühle ich in einer Pause in den sedimentreichen Fluten des Pyanzdh.

Es ist gut, dass ich wieder aufgebrochen bin. Der Knöchel tut zwar weh im engen Stiefel, aber die Piste ist so herausfordernd, dass ich den Schmerz während des Fahrens vergesse. Nahe einem Grenzposten von Berg-Badachschan verliert sich die kühlere Bergluft – und eine Backofenhitze schlägt mir entgegen. Je tiefer und näher an Duschanbe ich herankomme, desto heißer wird es werden. Dort, in Tadschikistans Hauptstadt, wird es 45 Grad heiß sein. Trotz der Ruhepause in Khorugh bin ich im Zeitplan.

In Rushon treffe ich Floriam, einen jungen Wanderer aus Frankreich. Er schleppt einen 20 Kilo schweren Rucksack mit sich herum, obwohl er gerade mal so groß ist wie ich. Wir wohnen im gleichen Guesthouse. Zusammen mit Pamiris und anderen Gästen schauen wir uns das Endspiel der Fußball-WM in einem selbstverwalteten Kino an. In dem Film vor uns waren viele Leute, als das Spiel beginnt, sind es nur noch 20, Fußball interessiert hier offensichtlich nur wenige. Die Leute gehen dort eher ins Kino, um heimlich zu knutschen ... Frankreich gewinnt, Floriam freut sich, allerdings nicht zu sehr, er ist wohl auch kein großer Fußballfan. Morgen wolle er alleine in die Berge steigen. Da will er ein wenig Frieden finden, sagt Floriam. Und Ruhe. Ich kann ihn gut verstehen. Am liebsten wäre ich selbst ein paar Tage im Gebirge verschwunden ...

Die Pamiris sind sehr offen, gastfreundlich. Jeder spricht mich auf der Straße an. Die Kinder am Wegrand winken, wenn sie mich sehen. Selbst die Katzen kommen angeschwänzelt ... selten kann ich mich für einen Moment zurückziehen. Für einen eher introvertierten Menschen wie mich ist das gewöhnungsbedürftig. So fahre ich einfach weiter. Floriam sagt, das Verschwinden im Gebirge sei für ihn wie das Motorradfahren für mich: die Suche nach sich selbst.

17. Juli // Kulob, Berg-Badachschan // 8393 km

„Schließe die Augen. Beobachte, wie es ausatmet, und dann nimm die Pause wahr. Beobachte, wie es einatmet ...“ Die buddhistische Vipassana-Meditation hat eine Gruppe von Kindern in einer überfluteten Höhle in Thailand die lange ungewisse Zeit des Wartens auf Rettung überstehen lassen. Ihr junger Trainer, ein Mönch, kannte die Meditationstechnik und schaffte es, die eingeschlossenen Jungen zum Durchhalten zu bewegen. Eine beachtliche Leistung. Und eine dramatische Rettung, bei der die ganze Welt mitgezittert hat, während ich mit meinem Unfall und den Folgen zu tun hatte. Mein lieber Freund Rahimo, ein Yogalehrer, hat mir den Link zum Artikel über das Höhlendrama in Thailand zur richtigen Zeit geschickt. Ich kann vielleicht ein bisschen davon lernen.

Die Herausforderung auf der Pamir-Piste inmitten der zutiefst beeindruckenden Gebirgsketten führt mich direkt zu mir selbst. In einem unbedachten Augenblick wurde mir unverrückbar klar, wie verletzlich ich bin. Und kurz darauf überflutete mich ein überwältigendes Gefühl von Glück und großer Dankbarkeit. Wenn ich den Atem fließen lasse, kann ich die Anspannung und den Ärger über den Schotter und die Schlaglöcher ein wenig mildern. Ich werde mich weiter in Geduld und Demut üben.

Ein wenig mehr von der wilden Ursprünglichkeit der Berge und der Unaufgeräumtheit nach einem Felsabbruch, ein bisschen Stromausfall und Wassermangel für ein paar Tage, miserable Straßen ... vielleicht würde uns durchstrukturierten Deutschen das gut tun, denke ich auf der Fahrt in Richtung Duschanbe. Trotz aller Widrigkeiten, trotz der Armut und der allgegenwärtigen Gefahren lachen die Pamiris sehr viel. Sie gehen voller Freude und Offenheit auf Fremde zu. Sie sind für die einfachsten Dinge dankbar, zum Beispiel für das frische Quellwasser, das aus den Bergen kommt.

18. Juli // Duschanbe // 8413 km

„Eines Tages würde ich gerne zu einem ähnlichen Abenteuer aufbrechen, irgendwann in meinem Leben ..." Mein Gastgeber in Duschanbe staunt und bewundert mich ein bisschen, als er hört, wo ich bereits überall war mit meinem Moped. Er ist Afghane und lebt mit seiner tadschikischen Frau und dem kleinen Sohn in Duschanbe. Schneller als gedacht bin ich in der Hauptstadt angelangt, in Richtung der Hauptstadt werden die Straßen etwas besser.

Auf der Rudaki Avenue kommt ein westlich wirkender Mann auf einer Enduro an mir vorbeigebrettert. Ich frage ihn nach einer Motorradwerkstatt, wir kommen ins Gespräch. David gibt mir wertvolle Tipps, er kommt aus England, es hat ihn vor 18 Jahren nach Tadschikistan verschlagen, und er ist seitdem geblieben.

Hier in Duschanbe habe ich mir für drei Tage ein Appartement gemietet. Mit dem Selberkochen hat es heute noch nicht ganz geklappt. Statt einer fertigen Gemüsesuppe habe ich beim Einkaufen eine große Packung Mayonnaise erwischt. Irgendwie habe ich in der Hitze nicht so genau hingeguckt ... Mayonnaise mag ich überhaupt nicht.

Morgen suche ich die Werkstatt und hoffe, dass ich die brave Honda für die nächsten 8000 Kilometer, die noch vor uns liegen, wieder fit machen kann.

19. Juli // Duschanbe // 8413 km

Das Bike House Duschanbe ist ein Treffpunkt für Weltenbummler, die mit dem Motorrad unterwegs sind. Heute sind hier eine junge Russin mit ihrem Freund Sergeij, zwei Moskauer mit zerfetzten Reifen, ein Engländer, der sich bald mit seiner reparierten Husqvarna-Enduro in den Pamir aufmacht, ein junger holländischer

Soldat mit einer schweren Transalp-Maschine auf Sabbatical-Welt-
reise, die er wegen einer gebrochenen Feder erst mal unterbrechen
muss, ich mit meinem Kettensatzproblem und der Werkstattchef
Azzis mit seinen Helfern.

Ich liebe diese Mischung aus Ölgeruch, Schweiß und Männer-
Small-Talk, und davon gibt es heute im Bike House Duschanbe
mehr als genug. Es ist 42 Grad heiß, alle warten schwitzend auf die
Reparatur ihrer Maschinen und erzählen dabei abenteuerliche
Reisegeschichten. Es könnte alles zackig gehen; aber das will ja
keiner. Alle wollen miteinander reden. Woher? Wohin? Sich austauschen. Tipps für gute Hostels weitergeben. Vor schwierigen
Streckenabschnitten warnen. In besonders beeindruckenden Erleb-
nissen schwelgen. Dazwischen wird gefachsimpelt über techni-
sche Probleme, und nicht wenige beneiden mich um mein leichtes
Reisemoped. Über zersplitterte Brems- und Kupplungshebel oder
Spiegel redet man gar nicht, das ist normal. Eher schon über gebrochene Schlüsselbeine; da ist mit der Weiterfahrt dann Schluss.

„Fahr auf keinen Fall durch den Iran!", rät Sergeij, Mitglied eines
großen russischen Motorradverbands. „Komm lieber nach Moskau!" Das ist nett, ich will jedoch unbedingt meine geplante Route
fortsetzen. Selbst wenn Azzis mein Moped wieder flottmachen
kann: Das Kettenrad würde noch maximal 2000 Kilometer halten.
Dann wäre es definitiv am Ende. Die entsprechenden Teile hat
Azzis nicht da, er muss den kompletten Kettensatz in Moskau bestellen. Für 10 Dollar pro Kilo reist das Material dann im Flieger
nach Tadschikistan. Ich hoffe, die Ersatzteile kommen rechtzeitig
an, denn in den Ländern, durch die ich noch reisen werde, wäre
eine Reparatur noch schwieriger bis unmöglich. Die Menschen in
Zentralasien fahren nicht Motorrad. Entweder sie haben das Geld
für einen geländegängigen SUV, oder sie sind mit den öffentlichen
Bussen unterwegs. Ein Motorrad ist ein Luxusobjekt, das hier keine

Verwendung findet. Daher gibt es auch nur in den größeren Städten Werkstätten. Und es gibt kaum Ersatzteile.

Also wieder eine Zwangspause!

„Relax in Duschanbe!", sagt Sergeij, der Russe.

20. Juli // Duschanbe // 8413 km

Mitten in der Nacht werde ich von einer üblen Bande überfallen. Bettwanzen! Vergeblich versuche ich dem Juckreiz zu widerstehen, indem ich nackt auf dem kühlen Laken liege und möglichst jeden Stoffkontakt vermeide. Bei über 40 Grad kann man eigentlich sowieso nichts anderes machen, als sich nicht mehr zu bewegen.

Trotzdem arbeiten Männer und Frauen tagsüber in der Hitze auf den Straßen, klopfen Steine, reinigen Abwasserkanäle, schuften auf Baustellen oder füllen heißen, klebrigen Teer in Schlaglöcher, den der nächste Truck aus China sofort wieder herausreißt. Oft ist die Arbeit nicht sehr effektiv. Aber es gibt offenbar genug Arbeitskräfte für jedwede Tätigkeit. Dafür wenig funktionierende Maschinen. Das Geld wird andernorts investiert. Beispielsweise in Parkanlagen, in denen Unmengen Wasser für große Rasenflächen verschwendet werden. Bunte langweilige Wasserspiele, von lärmender tadschikischer Popmusik untermalt, erscheinen den Einwohnern der Hauptstadt interessant genug, um gegen Eintrittsgeld eine Runde durch den Park zu drehen. Das Ganze spielt sich ab an einer stark befahrenen Ausfallstraße, über die permanent Schwerlaster und Überlandbusse donnern. Gemütlich ist es nicht, mein Appartement, dazu noch die Bettwanzen ... Übermüdet flüchte ich aus diesem Inferno und ziehe um ins Green House Hostel.

Eine große Verbesserung! Das Hostel befindet sich unweit des Bike House, wo mein Motorrad repariert werden soll, sobald der Kettensatz aus Moskau eintrifft. Es liegt in einem ruhigen Wohnviertel von Duschanbe. Das Haus und der begrünte, schattige Hof sind von einem großen grünen Eisentor verschlossen. Auf dem Tor sind viele verschiedene Länderwappen angebracht. Eine breite Freitreppe, flankiert von hohen Säulen, führt in den großen Empfangsraum. Hier sitzen die Ankommenden und die Neugierigen. Wer kein Bett mehr bekommt, kann hier die Nacht auf bequemen Sofas verbringen. In den oberen Stockwerken und in Nebengebäuden befinden sich die Schlafräume. In Mehrbettzimmern mit Etagenbetten werden die Reisenden untergebracht. Im Kellergeschoss sind Toiletten und Duschen. Oben an der Freitreppe stehen Dutzende von Schuhpaaren; wir sind gehalten, das Haus ohne Straßenschuhe zu betreten. Da stehen dreckige Motorradstiefel neben den winzig kleinen, rosa Schühchen eines Kindes, elegante, perlengeschmückte Damensandaletten neben ausgetretenen, schiefgelaufenen Straßenschuhen, deren Farbe man nur noch erahnen kann. Im Hof lädt ein großer Tisch zum gemeinsamen Austausch, er ist fast immer besetzt. Wenn sich die Reisenden da treffen, gesellt sich der schlanke tadschikische rote Hofkater dazu und lässt sich verwöhnen. Im Hof stehen die Fahrräder und Motorräder der Fernreisenden. Darüber hängt die Wäsche zum Trocknen.

Ich habe schnell einen neuen Freund gefunden hier. Ein sehr schlanker roter Kater streift um meine Beine. Er kennt den ständigen Wechsel der Gäste, hat sich daran gewöhnt, jeden Tag von neuen Händen gestreichelt zu werden. Das Tier scheint es zu genießen. Er erinnert mich an meinen geliebten Kater Garfield, der vor Jahren eines Samstagmorgens nicht mehr nach Hause gekommen ist, obwohl es regnete. Und Garfield hasste es, nass zu werden. Ich ahnte Schlimmes. Ich fand ihn später im Straßengraben. Er war weit außerhalb des Dorfes von einem Auto erfasst worden.

Das Green House ist eine Art moderne Karawanserei, von den anderen Reisenden erhoffe ich mir Tipps für die Weiterreise nach Usbekistan und Turkmenistan. Außerdem gibt es WLAN, ich kann kommunizieren, lesen und meine Apps updaten. Die Videos aus dem hermetisch abgeriegelten Grenzbereich in Khorugh müssen vor dem Grenzübertritt gelöscht sein! Ich sende sie an mein liebes Filmteam, Johannes und Paul. Die beiden planen bereits ihre nächsten Dreharbeiten mit mir im Iran und hoffen, mit all der benötigten Ausrüstung ins Land zu kommen.

22. Juli // Duschanbe // 8413 km

Im Green House checkt eine Australierin ein, sie ist Anfang 40, hat halblange dunkle Haare, ein herbes Gesicht. Als sie zur Tür hereinkommt, halte ich sie zuerst für einen Mann. Dann lacht sie, und ich stelle fest: eine Frau! Eine alleinreisende Frau wie ich.

Sie erzählt mir ihre Geschichte, die sich ziemlich abenteuerlich anhört. Jenny ist von Australien mit dem Schiff nach Wladiwostok gefahren und quer durch Sibirien nach Zentralasien gereist.

„In Sibirien hat mich ein Hund gebissen", erzählt sie.

„Bist du gegen Tollwut geimpft?"

„Leider nicht. Ich musste innerhalb von 24 Stunden nach Peking ausgeflogen werden, um mich dort impfen zu lassen."

Der Hund hatte sich in ihrem Arm verbissen, sie hatte eine tiefe Fleischwunde, in die hinein sie geimpft wurde. Jenny krempelt ihr T-Shirt hoch und zeigt mir die Wunde.

Mir scheint, Jenny ist ziemlich zäh ... die einzige Frau alleine auf einem Motorrad, die ich auf der gesamten Strecke getroffen habe. Sie hat ähnliche Erfahrungen wie ich gemacht – die Leute sind neugierig, sie gucken, stellen Fragen. Ihr Vorteil ist allerdings, dass sie im Gegensatz zu mir in der Motorradkluft überhaupt nicht als Frau zu erkennen ist.

24. Juli // Duschanbe // 8413 km

Wieder warte ich im Bike House und gebe meine Tipps an die anderen Motorradreisenden weiter, beantworte Fragen zum Pamir Highway. Die meisten Biker fahren die Strecke andersherum, da es von Duschanbe aus langsamer bergauf geht als umgekehrt.

„Ja. Es gibt im Pamir Wasser in Flaschen zu kaufen."

„Es gibt genügend Tankstellen, aber nicht alle haben Benzin mit 95 Oktan."

„Bei MuzToo's in Osch wird man nicht übers Ohr gehauen."

„Man kann den Pamir auf einer 1200er-BMW machen und auch mit einer 125er."

Die anderen beantworten mir meine Fragen zur Strecke in Richtung Westen:

„Der Grenzübergang von Usbekistan nach Tadschikistan bei Pandschakent ist seit April dieses Jahres offen."

„Die Durchfahrt durch den Anzob-Tunnel endet nicht für jeden mit einer Kohlenmonoxidvergiftung, Fahrradfahrer sollten sie trotzdem meiden."

Solche Hinweise von anderen Reisenden sind Gold wert. Man kann lange im Internet recherchieren und glauben, man sei gut vorbereitet – die Gegebenheiten vor Ort sind dann trotzdem ganz anders. Die Wahrheit ist, dass Infos in Chats veraltet sein können. Dass jede Äußerung der subjektiven Erfahrung desjenigen entspricht, der sie äußert. Und dass sich die Bedingungen verändern.

Die Wahrheit ist auch, dass Warten nicht zu meinen Stärken gehört. Jeden Tag pilgere ich zu Azzis ins Bike House, um zu fragen, ob mein Kettensatz bereits angekommen ist.

„In zwei bis drei Tagen …", sagt Azzis.

Das kann auch bedeuten: „Ich weiß es nicht."

Heute habe ich sicherheitshalber mal angefangen, meine Enduro zu reinigen und selbst zu warten.

26. Juli // Pandaschkent // 8862 km

Mitten in der Nacht sind zwei Österreicher zurück ins Green House Hostel gekommen. Sie waren am Tag zuvor in Richtung Pamir aufgebrochen. Steine auf der Piste haben die Alufelge ihrer schweren Suzuki V-Strom eingedrückt. Der schlauchlose Reifen konnte die Luft nicht halten. Ein leerer Kuhtransporter hat sie und das Motorrad in der Nacht auf abenteuerliche Weise zurück nach Duschanbe gebracht.

Einige, die sich auf diesen Weg gemacht hatten, müssen einen zweiten Anlauf nehmen. Für manche ist die Reise hier zu Ende. Fahrradfahrer sind von Autos angefahren und verletzt worden. Einer ist dabei ums Leben gekommen. Ein Motorradfahrer ist gegen eine Kuh geprallt. Das Motorrad ist Schrott. Dichtungen bersten. Schrauben und Stoßdämpfer brechen. Felgen verbiegen sich. Kettenradzähne werden von Sand und Staub abgeschmirgelt. So wie bei meiner Enduro. Es ist eigentlich kein Problem, so ein Kettenrad zu wechseln – wenn eines verfügbar ist. Doch das in Moskau bestellte Ersatzteil kommt einfach nicht an. Ich glaube nicht mehr daran, dass es jemals ankommt. Ich fahre einfach weiter, beschließe ich – und hoffe, irgendwo unterwegs eine andere Werkstatt zu finden. Wahrscheinlich im Iran. Beim Aufbruch kommt der rote Kater tatsächlich vor die Tür des Green House Hostel, um sich von mir zu verabschieden.

Das Aufbrechen und Weiterfahren! Es öffnet alle Sinne. Reißt aus der Lethargie. Der Atem fließt leichter. Ein Erwachen aus einem Dornröschenschlaf. Als schmeckte das Wasser unterwegs noch frischer, als leuchteten die Bergkuppen am Horizont noch verheißungsvoller, als striche der Wind zärtlicher durch meine Haare ...

Ich konnte nicht länger bleiben. Nicht länger warten. Ich musste dem Ruf der Straße folgen. Freiheit! Ein unglaubliches Glücksgefühl durchströmt meine Adern. Ich fühle mich stark und lebendig – und bereit, es mit dem Anzob-Tunnel aufzunehmen. Der Anzob-Tunnel ist gefürchtet, es kursieren Horrorgeschichten in den Weltreiseforen.

80 Kilometer hinter Duschanbe führt die Straße immer wieder durch Tunnel, einer davon ist der Anzob-Tunnel. Er ist fünf Kilometer lang, es gibt keine Beleuchtung, keine Belüftung wie in europäischen Tunneln, die Fahrbahn ist voller Schlaglöcher. Neben der Spur ist eine betonierte Wasserrinne, einen halben Meter tief. Man kann sich nicht an weißen Linien orientieren, es gibt keinerlei Absperrungen oder Leitplanken. Manchmal kommt es zu Überflutungen. Bis 2016 wurde im Tunnel noch gebaut, manchmal stürzen Felsbrocken auf die Fahrbahn. Immer wieder gibt es Unfälle mit Todesopfern. Ich weiß: Wenn mir in diesem Tunnel eine Panne passiert, hätte ich große Schwierigkeiten, da lebend wieder herauszukommen. Als ich in den Tunnel fahre, wird es sofort stockdunkel. Nach 100 Metern bemerke ich einen grauenhaften Gestank. Es riecht nach Abgasen, dazu ist es modrig und feucht. Es riecht ein bisschen nach Tod, denke ich.

Der Gedanke an den Tod ist mir auf meiner Reise schon öfter gekommen. Auf meinen längeren Reisen begegne ich immer wieder schwierigen Situationen und starken Emotionen. Ich stelle dabei fest, dass ich nicht alleine unterwegs bin, sondern dass es so etwas wie Schutzengel gibt, die mich begleiten. Ich spreche mit diesen Begleitern. Hole mir Ratschläge bei ihnen. Vor jeder Reise nehme ich in einem stillen Moment Kontakt mit ihnen auf und frage sie, ob ich diese Reise machen kann und ob ich wohlbehalten zurückkomme. Wenn die Antwort darauf ein Ja ist, breche ich auf. In einer schwierigen Situation wie im Anzob-Tunnel hoffe ich auf eine schützende Hand, die mir hilft, da gut durchzukommen. Gleichzeitig habe ich eine gelassene Haltung zum Tod entwickelt. Für den Fall, dass mir auf der Reise etwas passiert, habe ich meiner Familie mitgeteilt, wo das Testament zu finden ist und wie alles geregelt werden muss. Ich weiß: Mein Leben ist endlich. Viele meiner geliebten Angehörigen sind bereits gestorben. Spätestens seit dem Tod meiner Mutter habe ich meine eigene Sterblichkeit akzeptiert. Von diesem Augenblick an habe ich begonnen, anders zu leben – bewusster, dankbarer, entschiedener. Und vielleicht nehme ich mich selbst auch nicht mehr so wichtig.

Ja, die Fahrt durch den Anzob-Tunnel ist furchteinflößend. Trotzdem habe ich sie ohne Probleme überstanden. Heute habe ich Pandschakent erreicht und werde morgen über die Grenze nach Usbekistan weiterfahren.

Paul übernimmt nach
meinem Sturz

Unser Fahrer rangiert den SUV in die Müllhalde.

Wir hängen im Dreck fest

Biker-Community im
Green House Hostel
in Dushanbe

Der Karakulsee im östlichen Tadschikistan

Vor der grandiosen Kulisse des Alai

Ak-Baital-Pass auf 4655 Meter Höhe.

Das Selfie, ein Muss für jeden Fernreisenden

Marktstraße in Murgab, 7000 Einwchner, im Hochgebirge des Pamir

Männer in Murgab mit der ortsüblichen Kopfbedeckung

Ein Pamirbewohner
unterwegs mit
seinem Moped

Grenzkontrolle in
Berg-Badachschan

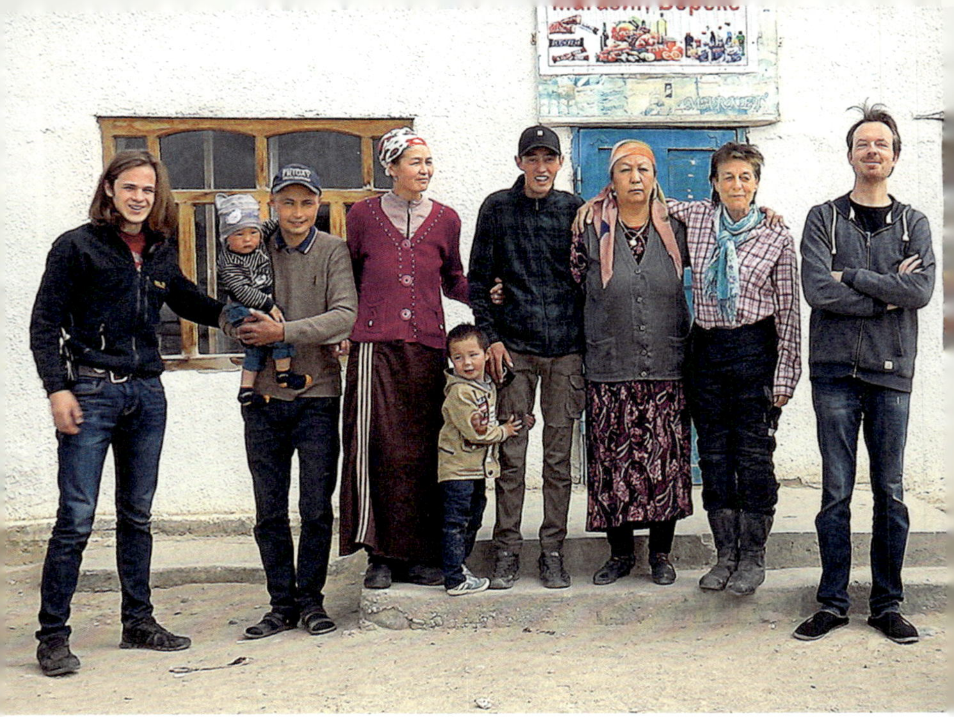

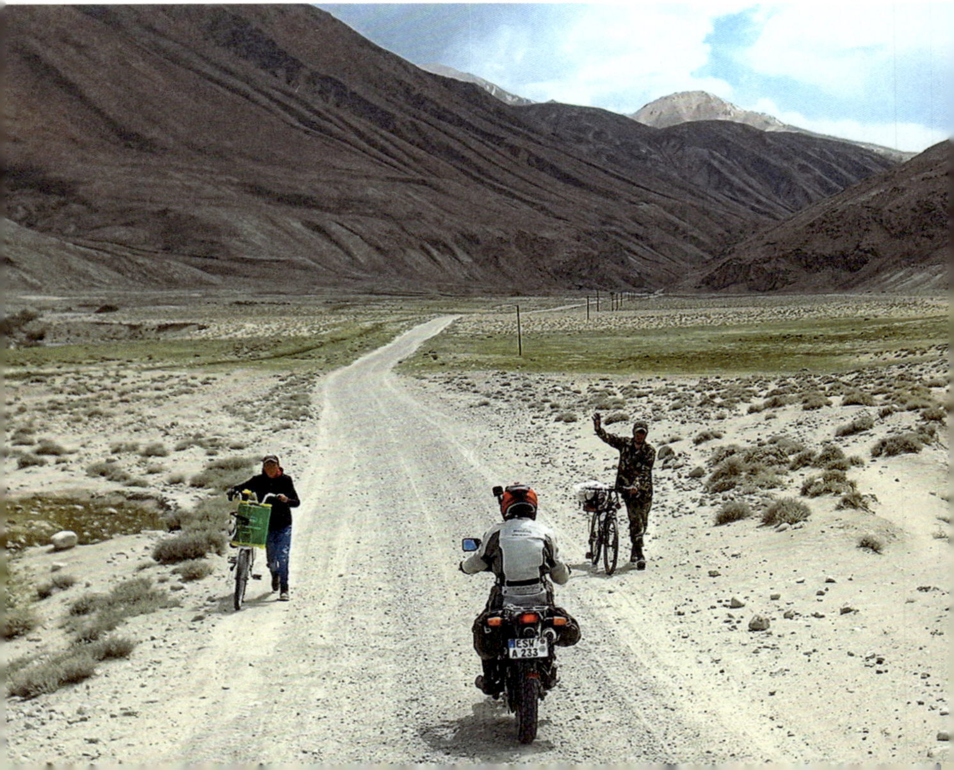

Die Familie unseres Fahrers Sham verabschiedet uns in Alichur (1. von links: Paul, 1. von rechts: Johannes)

Unterwegs begegnet man immer wieder Fernreisenden auf dem Pamir Highway

Der Pamir Highway –
Ziel vieler Fernreisender

Die Piste ist ständig eine
Herausforderung

Tief im Süden von
Berg-Badachschan:
der Sturz

Engel tauchen immer
dann auf, wenn man
sie braucht

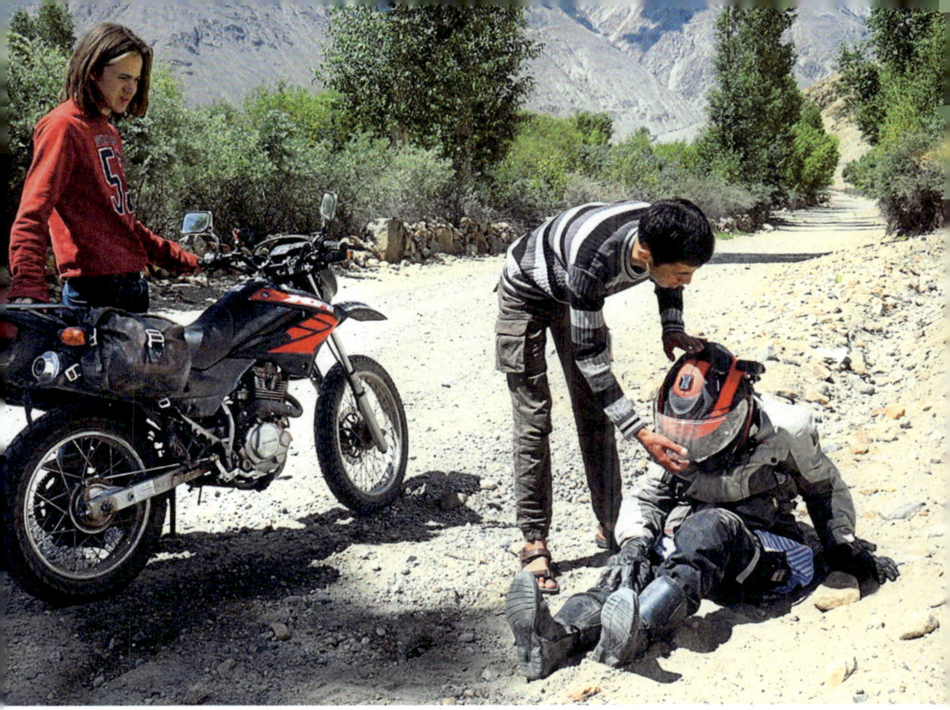

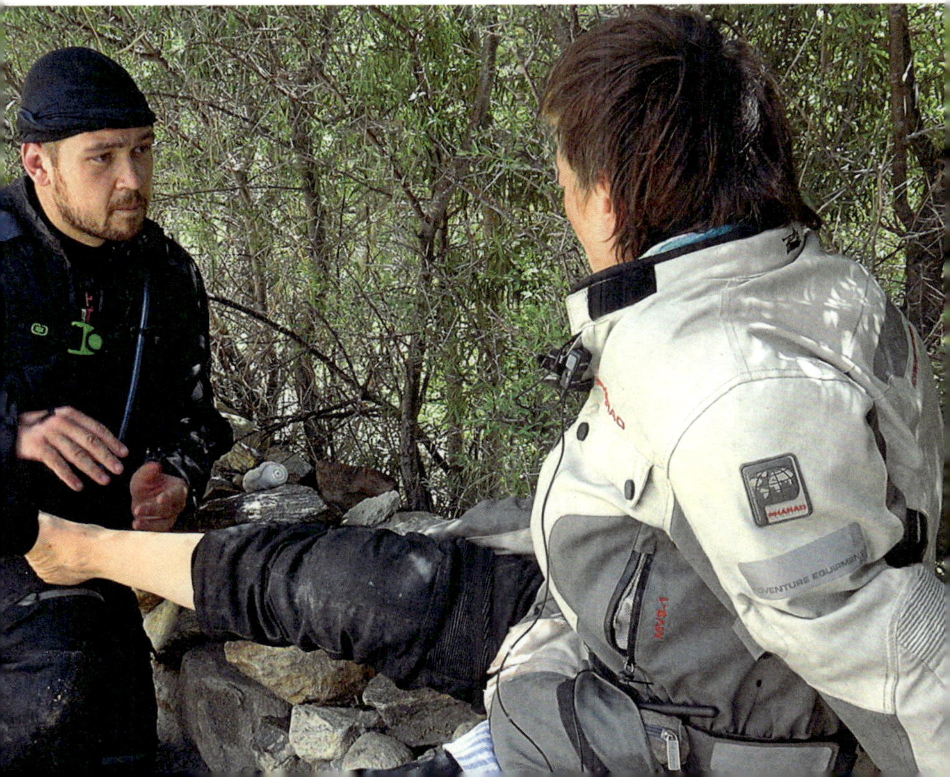

Im Grenzgebiet
zwischen Tadschikistan
und Afghanistan

Fernreisende im
Green House Hostel
in Duschanbe

In der Werkstatt in Duschanbe

Faszinierende Leere

Kulinarische Oase

Der Anschlag

Trauer und Trotz

Irrfahrt in der Hitze

Orientalische Gerüche und
eine berührende Begegnung

Usbekistan &
Turkmenistan

27. Juli // Samarkand // 8942 km

Mit dem Motorrad reisen heißt auch, das Fremde über die Nase wahrzunehmen. Jedes Land hat eigene Gerüche. Usbekistan ist reich im Vergleich zu Tadschikistan. Die Menschen sind größer und dicker, die Kühe sind dicker, die Häuser sind größer, es riecht nach Dingen, die es in Tadschikistan kaum gibt. Nach Heu und Holzfeuer, nach Früchten, Gemüse und Blüten in den Gärten neben der Straße. Usbekistan ist grüner als Tadschikistan, es gibt mehr Wasser und mehr fruchtbares Land.

Die Einreise ist problemlos. Ich habe mir solche Sorgen gemacht wegen des verschwundenen E-Visums, wegen der Verlängerung für mein Moped – und dann ist alles überhaupt kein Problem an der Grenze. Wieder einmal sind alle Informationen, die ich zum Thema usbekische Grenze gehört habe, falsch. Durchgewunken haben sie mich. Keiner hat sich auch nur einmal über das Sammelsurium von Papieren für das verlängerte Motorradvisum aufgeregt. Das „Carnet de Passage" brauche ich hier auch nicht. Das wertvolle Dokument liegt gut verstaut in einem Plastikordner in der Tanktasche. Dort wird es zwar nicht nass, doch die Ecken und Kanten sind nach so vielen Wochen unterwegs doch etwas geknickt und verbogen.

Die Grenzer wollen nur wissen, was ich für das Visum bezahlt habe. Die usbekische Zollbeamtin trägt geduldig Wort für Wort für mich ins Zollformular ein, weil es kein englischsprachiges Formular gibt.

„Ist in den Packtaschen irgendetwas, über das wir reden müssten?", fragt der Zollbeamte mit Blick auf mein Motorrad. Ich verneine. Ich bin konsequent drogen- und alkoholfrei unterwegs.

Der große Drogenspürhund setzt sich neben mich und beginnt zu schmusen. Damit ist die Kontrolle abgeschlossen. Der junge Beamte am letzten Schlagbaum deutet mit einer Brumm-Brumm-Geste an, dass ich jetzt mal richtig Gas geben solle, was ich zur Gaudi der Grenzer auch gerne mache.

Auf meiner Suche nach dem Hotel in Samarkand komme ich am Registan-Park an und lege eine Pause ein. In dem Park stehen imposante Koranschulen aus dem 15. bis 17. Jahrhundert, deren Fassaden mit Mosaiken kunstvoll verziert sind, es gibt Brunnen, Bänke, Bäume, Blumen. Der Ort wirkt sehr orientalisch auf mich. Zwei Usbeken kommen auf mich zu, um sich mit mir über mein Motorrad und meine Reise auszutauschen. Und noch während ich mit ihnen plaudere, stürzt sich eine indische Reisegruppe auf mich, um Fotos zu machen. Die Medresen mit ihren blauen Kuppeln, den wertvollen Keramikornamenten und Säulen interessieren sie nicht so sehr. Erst als mir alle Inder aus der Reisegruppe persönlich die Hand geschüttelt und Fotos gemacht haben, ziehen sie weiter.

In der Stadt mache ich mich mithilfe eines jungen Taxifahrers – eigentlich ein Versicherungsangestellter aus Taschkent – auf die Suche nach einer Bank und einer usbekischen SIM-Karte. Eine ganze Stunde fährt er mich kreuz und quer durch Samarkand. Für 10.000 usbekische Sum, umgerechnet 1,08 Euro. Auf diese Weise bekomme ich gleich einen guten Eindruck von dieser prachtvollen

Stadt an der Seidenstraße, der antiken Handelsroute, die einst das Mittelmeer mit China verband. Im Hotel begegne ich einer Iranerin, die mit ihrer multinationalen Familie ebenfalls hier wohnt.

Auf der Hotelterrasse ist es 40 Grad warm. Von Tag zu Tag wird es heißer. Ich sitze träge im Schatten, trinke Tee und mache nichts. Eine etwa 40-jährige Frau betritt mit ihren Kindern die Terrasse im ersten Stock des Hotels. Das Geländer der Terrasse ist von Weinreben umrankt, die Trauben sind bald reif und sehen verlockend aus. Wir begrüßen uns, die kleine Gruppe verschwindet in ihrem Zimmer.

Später am Abend, als ich zurückkomme von meinem Besuch am Registan-Platz, und wieder die Terrasse betrete, sitzt die Frau an einem Tisch, auf dem sie Obst, Gemüse und Brot zum Abendessen ausgebreitet hat. Sie lädt mich ein, mich zu ihr zu setzen und mit ihr zu Abend zu essen. Yasmin ist hübsch. Ihre Augen leuchten, sie bezaubert mit einem wunderschönen Lächeln. Nach einer Weile beginnt sie zu erzählen, wir sind uns sympathisch, und wir sitzen lange zusammen an diesem Abend. Sie ist im Süden des Iran geboren, wo auch ihre Familie lebt. Mit ihrem schwedischen Mann und den beiden kleinen Kindern wohnt sie in Saudi-Arabien, dort arbeitet der Schwede als Ingenieur.

Yasmin holt weit aus und beschreibt mir ihre Heimat Iran. Sie ist voller Heimweh. Doch sie möchte nicht dort leben. Es sei ihr zu eng, die Auflagen der Scharia seien zu erdrückend. Sie erzählt von ihrer Familie im Iran. „Eines Tages", spricht sie mit belegter Stimme, „sind Männer gekommen." Der Onkel ihrer Mutter sei ein kritischer Kopf gewesen, der sich nach der Revolution 1979 den Regeln des Wächterrates nicht gebeugt habe. „Sie kamen in unseren schönen großen Garten. Mit Pistolen haben sie den Onkel erschossen. In seinem Garten. Dann sind sie weggefahren."

Wir schweigen lange. Wir sitzen zusammen an einem friedlichen Ort, weit weg von den düsteren Bildern ihrer Kindheit. Ich fühle eine schwesterliche Verbundenheit mit Yasmin. Nehme sie vorsichtig in den Arm und halte sie eine Weile.

29. Juli // Buchara // 9273 km

276 Kilometer auf einer schlechten Straße liegen vor mir. Links und rechts sehe ich Agrarland, kleine Siedlungen und Industriegebiete. Es ist 40 Grad heiß. Viel Verkehr. Staub. Immer wieder Geschwindigkeitsbegrenzungen. Mittlerweile bin ich etwas abgemagert, und für dermaßen lange, anstrengende Fahrten fehlt mir das nötige Sitzfleisch. Beim Fahren muss ich aufpassen, dass mir nicht die Augen zufallen. Der heiße Wind, die Eintönigkeit, das monotone Brummen – die Kombination wirkt auf mich so einschläfernd wie ein Friseurbesuch.

An einer Bushaltestelle will ich mich kurz in den Schatten setzen. Mein Motorrad hat allerdings keinen ausreichend stabilen Stand und kippt mir beim Absteigen hinterher. Ich bin zum Glück heil geblieben, den penibel reparierten Bremshebel hat es jedoch wieder mal erwischt. Mist. Die Schraube, die sie mir in Osch hineingezwirbelt haben, ist gebrochen. Ich repariere den Bremshebel und steige wieder auf.

Kurz danach hält mich ein gelangweilter Polizist an. Bin ich zu schnell gefahren? Wohl kaum, ich bin die Einzige, die sich hier überhaupt an das Tempolimit in den Ortschaften hält.

„Ihren Pass, bitte!"

Als der Polizist mein Geburtsdatum liest, ist er sprachlos. Den Helm habe ich noch gar nicht abgenommen. Er bedeutet mir, dass ich zu den Kollegen im Schatten auf einen schräg abfallenden Schotterhang hinüberfahren soll. Ich hasse schräg abfallende Schotterhänge. Bedeutungsvoll zeigt einer auf die Blitzerkamera, die hinter einem Strauch an der Straße steht. Ich zeige ebenso bedeutungsvoll auf die Stelle zwischen 50 und 60 Stunden-kilometern auf meinem Tacho. Sie überlegen.

„Was hat die GoPro gekostet?", will einer der Polizisten wissen.

Ich weiß es nicht, Johannes hat sie mir gegeben. Und ich verstehe nicht, was die Männer von mir wollen.

Die Polizisten betrachten das Moped. Mich. Gucken sich gegenseitig an. Zucken die Schultern. Ich bleibe gelassen und warte ab, so wie es mir mein Mentor Daniel Rintz eingeimpft hat: „Zeig ihm/ihr, wie viel Zeit du hast, indem du zum Beispiel einen Klappstuhl auspackst und dich in den Schatten setzt. Ein Kumpel von mir hat immer seine Motorradstiefel ausgezogen, wenn er irgendwo in einem Gebäude warten sollte. Das hat oft dazu geführt, dass er schnell weiterfahren sollte. Freundlich und sachlich bleiben!"

Mit dieser Haltung komme ich meistens gut durch Polizei-kontrollen und über Grenzen. Und diesmal scheint es auch zu funktionieren. Den Männern fällt nichts mehr ein, was zu bereden wäre. Nach einer Weile deuten sie an, dass die Kontrolle beendet ist. Etwas unterkühlt verabschieden wir uns voneinander.

Die Ankunft in Buchara ist etwas stressig. Ich umkreise mehrmals die Abfahrt und kann meine Unterkunft nicht finden, obwohl ich die Adresse vorher in das Navi eingegeben habe. Ich halte an und frage einen Teppichhändler am Straßenrand nach dem Weg.

Er schüttelt den Kopf, schaut auf mein Navigationsgerät und sagt: „Fahr lieber nach Taschkent, hier funktioniert das GPS nicht."

Toller Tipp. Taschkent ist 580 Kilometer entfernt und liegt in der entgegengesetzten Richtung an der Grenze zu Kasachstan, also dort, wo ich herkomme.

Die Hitze nimmt zu, der Verkehr ist chaotisch, also halte ich ein Taxi an, um mich zum Old Buxuro Hotel lotsen zu lassen. Nach einigen Irrfahrten in gewagtem Tempo haben wir schließlich Erfolg. Der Hotelbesitzer kommt mir schon entgegen und bittet mich winkend, ihm mit dem Moped zu folgen.

„No problem!", ruft er und deutet auf eine schmale, steile Karrenauffahrt zwischen zwei engen Treppchen. Ich schüttele den Kopf. „Das geht." Sagt er. Und tatsächlich, es geht.

Ein Achtstundentag auf der Straße zwischen Samarkand und Buchara liegt nun hinter mir. Einen Bremshebel hat er mich gekostet, ein kleines Intermezzo mit der Polizei, eine rasante Fahrt hinter einem Taxi her und einen gewagten Stunt mit der Enduro in der Altstadt von Buchara.

Zwischen Moscheen und Koranschulen erhole ich mich in der beginnenden Nacht, trinke Cola, um meinen nervösen Magen zu beruhigen, lasse mich im leichten Wind ein wenig abkühlen und schaue den spielenden Kindern zu. Die historischen Gebäude in der Altstadt, in der auch mein nettes kleines Hotel liegt, gehören seit 1993 zum Weltkulturerbe.

30. Juli // Buchara // 9273 km

Eine WhatsApp-Nachricht von Florian erreicht mich, einem Fahrradfahrer, der unterwegs auf dem Pamir ist. Er schreibt mir wenige Worte, die mich zutiefst schockieren.

„Es gab ein Attentat auf eine Gruppe von Fahrradfahrern. Junge tadschikische Männer haben die Radtouristen mehrmals überfahren. Vier sind tot, die anderen drei schwer verletzt." Die sieben Radfahrer waren auf dem Weg vom Pamir nach Duschanbe. Florian hatte mit diesen Menschen wenige Tage zuvor auf einem Dorfplatz gezeltet. Er kannte die Opfer und ist fassungslos. Jetzt sitzt er im Green House Hostel in Duschanbe zusammen mit seinem Freund und weiß nicht, ob er weiterfahren soll oder lieber die Reise abbricht.

Die Nachrichten über den Anschlag sind verwirrend. Ein terroristischer Übergriff wird nicht ausgeschlossen. Nach dem oder den Tätern wird gefahndet. Möglicherweise wurden bereits Täter gestellt und erschossen.

Auch ich war vor zwei Wochen auf dieser Straße unterwegs. Friedlich, wie die Radfahrer. Viele Leute haben mich für leichtsinnig erklärt, in eine solche Krisenregion zu fahren. So was tue man doch nicht! Das Auswärtige Amt warnt ja vor Reisen in diese Region. Aber mich hat nicht die Gefahr angezogen, sondern die wunderbare Landschaft, die Menschen, ihre Kultur, ihre große Gastfreundschaft, die mich auf meiner Reise begleitet. Der Anschlag auf die Fahrradfahrer hat mich erschüttert, meine Meinung allerdings nicht geändert: Ich finde, wenn wir Kriegstreibern die Welt überlassen und ängstlich zu Hause bleiben, haben diese Leute gewonnen.

31. Juli // Buchara // 9273 km

Frieden. Grüner Tee zum gebratenen Lammsteak. Nach dem Schock über den terroristischen Angriff auf die friedlichen Reisenden verbringe ich vor der Weiterfahrt noch ein paar Stunden in einer ruhigen Atmosphäre. Ich empfinde tiefe Trauer. Ja. Doch Angst ist fehl am Platz. Das wollen die Irregeleiteten und ihre bezahlten Hintermänner. Dass wir uns gegenseitig bekämpfen und Angst haben, genau das wollen sie.

Ich will das Gegenteil. Umsicht. Rücksicht. Dass alle füreinander einstehen. Aufeinander achten. Das tadschikische Volk in seiner großzügigen Gastfreundschaft wahrnehmen. Nicht verallgemeinern. Keinen blinden Hass aufkommen lassen. Unterscheiden. Nach der Wahrheit suchen. Und eine offene Haltung auch zu Hause in Deutschland pflegen: Keiner, der aus einem umkämpften Land flüchtet und in Europa Schutz sucht, ist ein Terrorist.

Ich bete für den Frieden der Angehörigen und Freunde der

Opfer. Für eine baldige körperliche und seelische Genesung der traumatisierten Verletzten.

Auf meiner Reise durch Tadschikistan habe ich überwiegend hilfsbereite und freundliche Menschen kennengelernt. Sie haben mich unterstützt, wenn ich Hilfe brauchte. Mir Unterkunft und Essen gegeben. Die Banja für mich angeheizt, damit ich den Staub der Reise abwaschen konnte. Und eine Matte zum Schlafen gerichtet. Ich war bei ihnen sicher. Mir wurde kein Haar gekrümmt, und terroristische Anschläge ereignen sich auch in Europa. Ich lasse mich nicht einschüchtern!

➤ **TURKMENISTAN**

1. August // Turkmenabad // 9422 km

Für Turkmenistan habe ich ein Transitvisum. Innerhalb von fünf Tagen muss ich die knapp 500 Kilometer lange Strecke bis zur Grenze zum Iran bewältigen, was eigentlich kein Problem sein sollte. 100 Kilometer am Tag, ein Klacks. Die Strecke führt über Turkmenabad, Mary und Sarrachs. Ich sollte tunlichst keinerlei Pannen haben unterwegs, da ich sonst die Zeit nicht einhalten kann. Es gibt in allen Orten teure Hotels, überall Tankstellen, die Menschen sind freundlich und hilfsbereit. Obwohl Turkmenistan Öl produziert und reich ist, kostet Benzin relativ viel. Es ist ein kompliziertes Land, wie ich vorher recherchiert habe, alle Komplikationen sollten gemieden werden. Turkmenistan hat sowohl mit Iran als auch Tadschikistan politische Schwierigkeiten. Überall gibt es Polizeikontrollen. Ich habe zum Glück keine Panne, werde nie angehalten, und an der Grenze gibt es auch keine besonderen Vorkommnisse.

Das beste Essen auf meiner gesamten Tour bekomme ich völlig unerwartet in Turkmenabad, einem großen Ort mit etwa 230.000

Einwohnern und riesigen leer stehenden Gebäuden. Ich lasse mich von einem Taxifahrer zu einem Restaurant fahren, das mir im Hotel empfohlen wurde. Neonlicht, internationale Popmusik, eine coole Baratmosphäre, es hätte auch ein Lokal in Berlin oder London sein können. Die Frauen tragen keine Kopftücher, sie sind westlich gekleidet, was mich total überrascht. Die Bedienung ist freundlich, aufmerksam und kompetent, auf dem Tisch liegt edles Besteck, es gibt Stoffservietten und elegante Gläser.

Als Vorspeise bekomme ich einen Obstteller – aber was für einen! Kunstvoll angerichtet, Äpfel in Spiralen geschnitten, Beeren, Bananen, alles frisch und lecker. Mir hätte diese Obstplatte fast gereicht, doch das Hauptgericht kommt erst noch: Salat mit gegrilltem Hühnchen, sehr lecker. Eine Wohltat nach dem ewig öligen Reis in den Wochen zuvor. Das luxuriöse Menü hat 22 Euro gekostet. Eigentlich hätte ich gerne ein Glas Wein dazu, aber ich habe beschlossen, für die Dauer meiner Reise auf Alkohol zu verzichten. Und ich traue mich auch nicht zu fragen. Wahrscheinlich wäre es hier kein Problem gewesen, Wein zu bestellen. Als ich nach dem Essen aus der Tür des Restaurants in die Nacht trete, bin ich wieder in einer anderen Welt – verschleierte Frauen, Dunkelheit, Staub. Dieses Restaurant ist wie eine Oase, und es bleibt ein Rätsel für mich, warum es so etwas Mondänes in Turkmenabad gibt.

2. August // Mary // 9677 km

Die Reise durch Turkmenistan und die Fahrt nach Maschhad im Iran führen durch eine Wüste. Keine unbelebte: Pflanzen wachsen im heißen Sand. Manchmal sehe ich Hasen oder Kaninchen, auch Esel kommen mit der Trockenheit gut zurecht. Immer wieder stehen Kamele neben der Straße. Ab und zu gibt es verfallene kleine Siedlungen mit Lehmhäusern, die offenbar vor Jahren verlassen wurden. Die Flüsse in dieser Region sind ausgetrocknet, Landwirtschaft ist hier nicht mehr möglich. Leben möchte ich hier auch nicht, aber ich finde die Wüstenlandschaft, durch die ich seit drei Tagen reise, wunderschön. Ein eigenartiger, fremdartiger Lebensraum, unwirtlich und faszinierend ...

Turkmenistan ist größtenteils von der Karakum-Wüste bedeckt. Wüsten faszinieren mich. Sie sind offen, leer und doch voller Geheimnisse. Sie lassen Sonne, Mond und Sterne über sich auf- und untergehen und Sandstürme über sich hinwegfegen. Sie bieten keinen Schutz, aber vertreiben auch niemanden. Sie breiten sich aus ohne Gebietsansprüche. Sie erzwingen nichts, sie sind einfach da. Wüsten sind ruhig und klar. Sie sind stark. Man kann nichts ausrichten gegen sie, doch wenn man sich mit ihnen anfreundet, bieten sie Raum, um dort zu leben. Bei der Fahrt durch die Wüste empfinde ich eine große Anziehungskraft, die von dieser Leere ausgeht. Es fühlt sich an, als würden Gummibänder mich hineinziehen. Am liebsten würde ich vom Motorrad absteigen, um in die Wüste zu laufen. Ich würde mein Gepäck zurücklassen. Und einfach in diesem großen, weiten Nichts verschwinden. Nicht um zu sterben, sondern als Übergang in eine andere Daseinsform.

Weite. Ruhe. Einsamkeit. Nach so vielen Wochen unterwegs habe ich mich fast vollständig von zu Hause gelöst. Ich glaube, ich bin im Flow. Das bedeutet: Ich bin unterwegs, im Hier und Jetzt, und halte mich nirgendwo mehr fest. Jeden Augenblick stelle ich mich auf Neues ein, bin offen für neue Begegnungen, neue Eindrücke, neue Schwierigkeiten.

Alleine 18.000 Kilometer mit dem Motorrad fahren? „Das ist mutig und gut", schreibt mein Mentor Daniel. „Man kann sich jeden Tag neu ausprobieren, weil man niemanden um sich hat, der einen so kennt, wie man sich bis dato verhalten hat. Die sozialen Erwartungen fallen weitgehend weg. Ein sehr interessanter Weg, sich selbst neu kennenzulernen."

Dieses innere Gefühl der Freiheit ... nach so vielen Kilometern und so vielen Tagen auf der Honda ist es da. Dennoch sind meine Lieben immer bei mir. Ich halte Kontakt über unseren Familienchat, schreibe ab und zu Blog-Einträge und Mails, wenn ich gutes WLAN habe.

Obwohl der Verkehr manchmal recht laut ist und meine kleine Enduro knattert, breitet sich in mir eine innere Stille aus. Ich höre keine Musik beim Fahren, ich kann auch mal ein paar Tage lang nicht reden, das tut mir gut. In meinem Kopf ist auch so genug los. Die Weite um mich herum ermöglicht es mir, dass Gedanken, Gefühle und Visionen aufkommen. Sie sind reichhaltig in mir vorhanden und entwickeln sich wie von selbst. Manchmal führt das auch zu Selbstgesprächen, ab und zu muss ich laut lachen, wenn ich mir selbst eine witzige Geschichte erzähle. Ich spreche übrigens auch mit den Bäumen und den Tieren, denen ich begegne, das kriegt zum Glück selten jemand mit. Und wenn mir doch mal nach Musik ist, singe ich unter meinem Helm.

Dieser Zustand macht mir keine Sorgen, im Gegenteil. Ich schätze ihn sehr, es ist für mich wie eine Meditation. Wenn ich eine Weile allein unterwegs bin und irgendwann in diesen Flow komme, bringt mir das sehr viel. Ich beschäftige mich mit Erinnerungen, mit Urteilen über bestimmte Personen, korrigiere Haltungen und Einschätzungen, betrachte sie neu und gelange so zu einer neuen Perspektive.

Mitunter teilt man
die Straße mit einem
Kamel

Kalon-Moschee im historischen Zentrum in Buchara

Frühstück im Hotel
in Buchara

Nächtliche Moschee
in Mary

Angst vor Sanktionen

Lotusblüten auf der Lagune

Überraschende Beichte

Eingeschränkte Freiheit

Geistige Wende

Schleierhafte Nähe

Iran

3. August // Sarachs // 9953 km
Der Grenzübertritt nach Iran verläuft, vorsichtig ausgedrückt, interessant. Der erste Grenzer will mir wie üblich die Hand geben, ich freue mich schon, aber er zuckt zurück, als er erkennt, dass da eine Frau auf dem Motorrad sitzt. Mit so etwas rechnen sie hier wohl nicht. Ich darf nicht mal die Büroräume des Zollgebäudes betreten. Um mich abfertigen zu können, müssen sie erst eine Frau suchen.

Ich warte also vor dem Zollgebäude, bis eine Person auftaucht, die aussieht wie ein schwarzer Vogel. Die Frau ist von schwarzem Tuch völlig verhüllt, nur ein schmaler Streifen für die Augen ist frei. Sie darf die Formalitäten mit mir erledigen. Es ist eine lange, nervenaufreibende Prozedur, bei der ich kaum etwas tun kann. Irgendwann ist die Grenzbeamtin dann fertig mit dem Papierkram. Die jungen Zöllner, die anschließend eigentlich das „Carnet de Passage" fürs Moped ausfüllen sollen, sind offensichtlich begeistert über die Einreise einer Frau in den Iran. Sie scherzen und machen Selfies mit mir. Das dürfen sie anscheinend.

Einer der Männer beginnt mit mir zu sprechen.
„Sind Sie das erste Mal im Iran?", fragt er auf Englisch.
„Ja, das erste Mal", antwortete ich etwas irritiert.

„Sprechen Sie Persisch?", forscht er weiter. Nun, mit Ali hatte ich zu Hause einige Worte Persisch geübt, sie bisher jedoch nie angewendet. Also antwortete ich:

„Ganz wenig, nur Guten Tag, Guten Abend und so etwas."

Einer der anderen Beamten mischt sich in das Gespräch ein und zeigt auf ein blaues Plakat im ansonsten recht kahlen Raum: „Abi. Das heißt blau." Er fordert mich lachend auf, das Wort zu wiederholen.

Ich übe: „Abi. Abi. Abi." Er verbessert meine Aussprache.

Sie finden Gefallen an dem Spiel. Suchen in dem gänzlich grauen Raum nach Farben. Sie sprechen mir vor, und ich spreche ihnen nach.

„Ghermez." Rot.

„Abi." Blau.

„Sabz." Grün.

„Zard." Gelb.

„Serid." Weiß.

„Slyah." Schwarz.

Sehr nett. Doch eigentlich hätte ich gerne meinen Pass mit dem Visum wieder. Das Visum! Darauf ist jenes Foto zu sehen, das eine völlig fremde Frau mit einem blauen Kopftuch zeigt. Ich hatte ja wohlweislich ein ähnliches bläuliches Tuch mitgenommen, um mich im Notfall komplett damit zu verhüllen. Nun hoffe ich, dass die Grenzer das Foto nicht mit mir vergleichen.

Es ist eine ziemlich komische Situation: Ich habe Angst, dass sie das Visum mit dem falschen Foto entdecken, das interessiert jedoch keinen, stattdessen veranstalten die Männer einen spontanen Persischkurs mit mir. Plötzlich ändert sich die Stimmung. 17 Uhr, Feierabend! Die Grenze wird für heute geschlossen. Einer der Beamten fordert mich humorlos auf, bitte zügig das Gelände zu verlassen. Eilig beenden alle ihre Schreibarbeiten und stecken meinen Pass zusammen mit anderen Unterlagen in die Schublade. Ich hebe vorsichtig den Finger und bitte sie darum, mich doch noch schnell abzufertigen – ich weiß nicht, wo ich sonst die Nacht verbringen soll. Auf der Straße vor dem Zollgebäude sicher nicht.

„Oh, bitte. Ich hätte gerne meinen Pass zurück", sagte ich etwas nervös zu meinem Sprachlehrer. Irritiert blickt er mich an. Lachend nimmt er den Ausweis wieder aus der Schublade, begutachtet kurz die Angaben darauf und das Visum. Er bemerkt nichts. Immer noch lachend, gibt der Zöllner mir meinen Pass zurück, und im Laufschritt muss ich, um nicht auf dem Grenzgelände eingeschlossen zu werden, mein Moped durch die sich schließenden Tore schieben. Ich habe es geschafft. Keiner hat sich das Foto im Visum genauer angeschaut. Ich atme erleichtert auf. Ich bin im Iran.

Im Hotel in Sarrachs direkt hinter der turkmenisch-iranischen Grenze treffe ich zwei Schweizer. Sie sind auf dem Weg nach Usbekistan und Kirgistan. Tadschikistan umfahren sie nach dem Terroranschlag lieber; der bei dem Anschlag getötete Schweizer Fahrradfahrer kommt wie sie aus Zürich. Sie sind unterwegs mit richtigen Enduros: zwei legendäre Yamaha Ténéré mit 600 Kubikzentimetern, leichte Geländemotorräder und Reiseenduros mit riesigen Federwegen, Einzylinder und Kickstarter, Baujahr 1983. Mit ihrem großen Tank kommen sie über 700 Kilometer weit. Sie sitzen bequem auf Schafsfellen. Ein Geheimtipp, sagen die beiden.

Im Basar bei einem Lederartikelladen kaufe ich mir wenig später ein kleines braunes Ziegenfell, meiner Sitzknöchelchen wegen. Es kostet umgerechnet 35 Euro. Nun habe ich also auch ein Fell als Polster! Ursprünglich wollte ich mit einem Muli durch Russland wandern. Jetzt sieht meine Honda immerhin ein bisschen aus wie ein Muli.

4. August // Maschhad // 10.127 km

Es riecht nach den Auspuffgasen von Zweitaktmotoren und Lastwagen. Wenn die Dieseltrucks Gas geben, verschwinde ich in einer schwarzen Wolke. Es ist 40 Grad heiß, es stinkt, und ich versuche, durch den Verkehr zu navigieren, um mein Hotel zu finden. Maschhad hat drei Millionen Einwohner, ich habe den Eindruck, alle von ihnen sind gleichzeitig unterwegs, und keiner nimmt Rücksicht auf den anderen. Der Verkehr ist höllisch. Unter meiner Motorradkluft schwitze ich erbärmlich.

Auch hier in der konservativen Metropole Maschhad ist der größte Teil der Frauen in den Tschador gehüllt. Ich falle auf mit meinem Motorrad, werde ungläubig angestarrt. Der junge Tankwart im Vorort fragt gleich dreimal, ob ich wirklich eine Frau sei, er kann es nicht glauben. Benzin hat er mir auf meine eindringliche Bitte hin dann trotzdem rausgerückt. Frauen im Iran dürfen nicht Motorrad fahren.

Der Duft nach Nelken, Kümmel, Knoblauch, dazu würzige Kräuter, Brot und Trockenfrüchte. Im Basar mitten in der turbulenten Altstadt von Maschhad gibt es Datteln, Feigen und viele andere Lebensmittel, die ich nicht erkenne. Dazu der Geruch nach Leder, Wolle, Stoffen, in Minze gebratenem Lammfleisch. Es ist eine Mischung aus 1001 Nacht. Ich laufe, tief einatmend, durch die enge Gasse, vorbei an den üppig aufgetürmten Gewürzen und Früchten, kaufe reichlich Nüsse, Datteln, Rosinen und Aprikosen für insgesamt sechs Euro.

Halb Maschhad ist an diesem Vormittag daran beteiligt, für mich Geld zu tauschen und eine iranische SIM-Karte fürs Handy zu organisieren. Dabei lerne ich eine Bankangestellte kennen, deren Mann seit 13 Jahren als Taxifahrer in Dortmund arbeitet, sie besucht ihn zweimal im Jahr und fährt bald wieder hin. Direkt in der Bank hat mir ein Privatmann zu einem für ihn günstigen Kurs Dollars in iranische Rial getauscht, die Bank war nicht interessiert zu wechseln – dazu muss man wissen, dass Hotelrechnungen im Iran nur in Rial zu begleichen sind. Geld abheben oder mit Karte zahlen kann man nicht.

Vor einer Wechselstube spricht mich ein etwa 16-jähriger Iraner an, der mich dort hat stehen sehen. Ich will mein turkmenisches Restgeld in iranische Währung tauschen. Der Wechselstubeninhaber hat mein turkmenisches Geld nicht angenommen. Während der junge Mann mit mir verhandelt, gesellen sich zehn Passanten dazu und geben ihre Meinung zu der Sache ab. Unter ihnen ist ein recht gut Deutsch sprechendes junges iranisches Pärchen, die beide in Schwerin arbeiten und gerade zu Besuch im Iran sind. Sie warnen mich vor dem Jungen und außerdem vor Dieben. Am Ende stimmen sie doch zu, dass ich mich dem Jungen anvertrauen kann. Also laufen wir nun zusammen auf der Suche nach einem Geldwechsler durch Maschhad. Schließlich finden wir einen Mann, der meine Manat gegen Tuman wechseln kann, zu einem für ihn günstigen Kurs. Der Junge hat Bedenken und warnt mich wiederum vor dem Händler ...

Dann die nächste Unternehmung: Ich versuche, eine SIM-Karte zu kaufen. In dieses Unterfangen sind sogleich zehn Männer involviert, die der Junge nach einem Mobilfunkshop fragt, alle fünf Angestellten im Shop, ein Privatmann, der Englisch mit ostfriesischem Akzent spricht und mir ja gerne helfen würde, wenn nicht schon zu viele SIM-Karten auf seinen Namen laufen würden. Zwischendurch donnern der Junge und ich im Taxi zum Hotel, holen meinen Pass und rasen im irren Verkehrsgetümmel zurück zum Mobilfunkshop. Vergeblich. Trotz aller Bemühungen rückt das iranische System keine SIM-Karte auf meinen Namen raus. Außerdem ist nun erst mal Mittagspause.

Etwas erschöpft gehen wir den langen Weg in der Mittagshitze und im wirren Verkehr zurück, als aus einem Gerichtsgebäude eine junge, gut gekleidete Frau mit Fußfesseln (an jedem Fuß eine Eisenschelle mit einer kurzen Eisenkette verbunden) die Treppe herunterkommt, bewacht von bewaffneten Polizisten. Sie wankt über den Gehweg und verschwindet in einem bereitstehenden Auto. Zurzeit finden im Iran wieder Demonstrationen gegen das Regime statt, die dieses Mal insbesondere von Frauen angeführt werden. Es gibt Todesopfer und viele Verhaftungen.

In der Mittagspause dann kurz zum Hotel Aquarium zum Relaxen. Später bitte ich einen Mann an der Rezeption, mir beim Kauf einer SIM-Karte zu helfen. Erst will er nicht, aber dann nimmt er mich mit in die Altstadt, sucht und fragt und irrt mit mir durch Läden und Basare. Schließlich werden wir fündig. Beim Kauf soll ich mich im Hintergrund halten, am besten nicht sichtbar sein. Zurück im Hotel, muss mir noch einer der Angestellten helfen, die SIM-Karte zu installieren, was ohne Zugang zum Netz nicht geht. Nach einem Tag habe ich endlich Internet und kann kommunizieren. Sie machen es ihren Gästen nicht wirklich einfach im Iran.

Aber der kandierte Ingwer, den ich beim Herumrennen in einem Gewürzbasar erstanden habe, schmeckt sehr lecker.

6. August // Sabzevar // 10.413 km
Wenn ich anhalte, meinen Helm abstreife und deutlich wird, dass ich eine Frau bin, kommen sie. Als ich heute Morgen das Iran Hotel in Maschhad verlassen will, ist die ganze Lobby in Aufruhr, alle wollen das Spektakel miterleben, wenn ich auf das Motorrad steige. An den Tankstellen erstarren erst mal alle, dann helfen mir die anwesenden Männer, den Tankrucksack abzunehmen, den Tank-

deckel zu öffnen, bringen mir meinen Helm, halten mein Motorrad beim Aufsteigen … Wenn es nicht so heiß wäre und mir nicht der Schweiß bei diesen freundlichen Annäherungen in Strömen ausbrechen würde, könnte ich das alles vielleicht sogar genießen.

Irgendwo in der Wüste, auf der endlosen, geraden Straße zwischen Maschhad und Teheran, fahre ich durch den iranischen August. Es ist trotz des Fahrtwindes unerträglich heiß in meinen Klamotten. Ich halte an und rette mich in die klimatisierte Speisehalle eines Autobahnrestaurants. Um in Ruhe essen zu können, setze ich mich hinter eine Säule.

Da entdeckt mich der iranische Vater eines etwa sechs Jahre alten Sohnes. Er steht auf, führt den Sohn zu mir und erklärt:

„Diese Frau fährt Motorrad. Schau sie dir genau an, es ist möglich, dass Frauen Motorrad fahren."

Der Mann geht zurück zu seinem Tisch, um weiterzuessen. Der Sohn bleibt wie angewurzelt vor mir stehen. Betrachtet mich lange und nachdenklich mit großen Augen. Ich wollte eigentlich essen, doch irgendwie ist die Situation zu seltsam. Ich weiß, dass Frauen im Iran Stockschläge riskieren, wenn sie sich auf ein Motorrad setzen. Sie tun es nicht. Ich bin das soziopolitische Anschauungsmaterial für den Jungen, der vielleicht eines Tages dafür sorgen könnte, dass sich die Verhältnisse im Iran ändern. Als ich ihn anspreche, geht er langsam zum Tisch seines Vaters zurück, ohne zu antworten. Nun kann ich essen.

Als ich den letzten Bissen hinuntergeschluckt habe, kommt die verschleierte Frau vom Nebentisch, die Mutter des Sechsjährigen, auf mich zu und fragt, ob sie sich setzen dürfe.

„Ja, gerne." Wir kommen sofort ins Gespräch, und sie erklärt mir, wie unerträglich sie den Schleier finde. Sie macht dabei eine wütende, verabscheuende Kopfbewegung gegen das Tuch, das sie trägt. Aus den Augenwinkeln hatte ich sie beobachtet und darüber nachgedacht, wie angepasst sie sich neben ihrem Mann und dem Kind verhält. Und nun das!

„Wir reisen immer wieder in andere Länder", erzählt sie mir, „um andere Kulturen kennenzulernen. Und das Kopftuch lege ich sofort an der Grenze ab!"

Sie hoffe sehr auf Veränderungen, dass Frauen Motorrad fahren, in Fußballstadien gehen und den Hijab abnehmen dürften. Wie sehr sie unter dem Zwang der Verschleierung leidet, kann ich kaum nachvollziehen. Als ihr Mann aufbrechen will, umarmen wir uns beim Abschied.

Kaum verlasse ich die Gaststätte, lädt mich eine Familie, die draußen picknickt, zum Tee ein, was ich jedoch dankend ablehne. Ich kann die Motorradklamotten bei über 40 Grad nur während der Fahrt ertragen. Ausziehen darf ich ja nichts. Und dazu noch heißen Tee? Das ist nett, aber insgesamt zu viel der Hitze. Der 20 Jahre alte Sohn läuft mir nach und bittet mich, wenigstens ein Selfie mit mir machen zu dürfen.

Was ich in diesem schmucklosen Restaurant erfahren habe, ist so wertvoll und berührend, dass mir beim Weiterfahren unterm Helm die Tränen kommen. Es macht mich fassungslos, so frei zu sein im Vergleich zu der extrem eingeschränkten Realität der Menschen im Iran, besonders der Frauen.

Wieder unterwegs, auf den gut ausgebauten Straßen Richtung Teheran im Nordosten Irans, kann ich den Blick wieder vom Boden heben. Die Umgebung wahrnehmen. Die schroffen Berge am Horizont. Die niedrigen, im Wüstensand zusammengeduckten kleinen Siedlungen, graubraun wie die Wüste selbst. Die endlos erscheinende Straße. Den großen wilden Hund, der ruhig die Straße überquert. Die Hirten mit den Ziegen- und Schafherden, die so viel

Staub aufwirbeln, wenn sie dahinziehen, dass sie ganz darin verschwinden. Die Windhosen, die den Staub aufgreifen, hochreißen, dass er sogar kurz die Sonne verdunkelt.

7. August // Shahrud // 10.679 km

Und wenn ich einfach wende und zurückfahre? Wieder gen Osten? Irgendwo zwischen Tadschikistan, Afghanistan und China fährt jetzt Rik, der schöne Soldat aus den Niederlanden, mit seiner Transalp und dem notdürftig reparierten Stoßdämpfer, er will weiter nach China, Nepal, Südostasien, von dort will er übersetzen nach Australien. Ich denke auch an die beiden Schweizer auf ihren Yamaha Ténéré 600 und die vielen anderen Fernreisenden, denen ich begegnet bin, und an diejenigen, die in aller Welt auf allen Straßen unterwegs sind. Obwohl ich noch mindestens eineinhalb Monate brauche bis Deutschland, spüre ich schon wieder Fernweh. Aufbrechen, weiterfahren, irgendwohin, nicht nach Hause ...

Zu Hause ist alles sauber und in Ordnung. Wir Motorradfernreisenden sind dreckig. Die Stiefel staubig. Die Jacken und Hosen tausend Mal vollgeschwitzt, sitzen wir damit auf der Erde und machen just da Pause, wo sich ein schattiger Platz findet. Der Helm verkratzt. Die Handschuhe steif vom Regen, Staub und Schweiß. Wir haben uns daran gewöhnt. Die Maschine, die wir fahren, ist unser Zuhause, die Packtaschen drauf, die Alukoffer, Reservekanister für Benzin. Wir brauchen nicht viel. Abends ein Hotelzimmer und eine Dusche. Ein Bett in einem Hostel. Notfalls reicht auch das Zelt. Am nächsten Tag sind wir wieder unterwegs und wieder dreckig. So wie ich gerade, auf dieser staubigen Straße im Iran.

8. August // Teheran // 11.114 km

Johannes und Paul sind zurück! Sie begleiten mich fünf Tage lang im Iran. Mit meinem Filmteam habe ich vereinbart, dass ich einen

Guide rekrutiere. Es ist nicht so kompliziert, wie man sich das zu Hause denkt. Alis Telefonummer habe ich in einem iranischen Reiseführer gefunden, er wird dort als Deutsch sprechender, erfahrener Guide mit eigenem Auto angepriesen.

Die meisten Touristen brauchen einen Guide mit Auto, und es gibt auch in Zentralasien einen Markt dafür. Ich rufe also Ali an und verabredete mich mit ihm im Hotel. Er kommt pünktlich. Der erste Pluspunkt. In der Hotellobby beschnuppern wir uns, und nach einer kleinen Weile ist klar: Mit ihm wird das Unterfangen gelingen. Er kennt sich in der Gegend aus und wird uns helfen. Ich traue mich nicht, den heiklen Punkt mit der Drohne anzusprechen ... Wir wollen über das Elburs-Gebirge zum Kaspischen Meer reisen, da wären Bilder aus der Luft interessant.

„Frag den Guide", beauftragt mich Johannes, „ob wir die Drohne im Flieger mitnehmen und damit offiziell filmen können."

Okay, ich frage ihn.

„Nein!" Die Ansage von Ali zu diesem Ansinnen kommt prompt und sehr bestimmt. „Macht es nicht. Es bringt euch nur Ärger ein."

Das ist eindeutig.

„Dann geh raus und frag noch mal irgendeinen Polizisten, ob das stimmt", insistiert Johannes. „Könnten sie die Drohne in Einzelteilen reinschmuggeln und heimlich filmen?", forsche ich noch mal bei Ali nach. Einen Polizisten irgendwo auf der Straße will ich mit einer solchen Frage nicht nervös machen.

„Nein. Bitte bringt keine Drohne mit." Es ist eindeutig. Wer auch immer Ali ist und in wessen Auftrag auch immer er handelt: Hier warnt uns einer und will uns vor großen Problemen bewahren. „Es geht nicht, Johannes."

Der Ausflug zum Hausberg Teherans, dem 3960 Meter hohen Tochal, einem Ausläufer des Elburs-Gebirges, ist beeindruckend.

Nicht nur, weil wenige Kilometer außerhalb der Riesenstadt Teheran die Luft so schnell frischer und sauber wird. Sondern auch, weil ich die Tour in sehr angenehmer Begleitung erleben darf. Yousef, der Vater eines Kollegen meines Wing-Tsun-Trainers in Deutschland, hat mir den Ort gezeigt, in dem er geboren wurde und in dem heute Tausende Ausflügler in kleinen schmucken Restaurants Erholung und Erfrischung von der lärmenden Hauptstadt suchen.

Pas-e-Qale, nur über viele Treppenstufen erreichbar, liegt am Berghang in einer Schlucht. Hier gibt es frisches Quellwasser. Der kleine Ort ist tausend Jahre alt. Viele kleine Restaurants haben sich auf Felsvorsprüngen und Podesten über dem fließenden Wasser in der Schlucht positioniert. Dazwischen bieten kleine Läden Ausflüglern eingemachtes süßes Obst und Getränke. Alles Baumaterial wurde mit Eseln auf den Berg geschleppt, erzählt Yousef, der seine Jugend dort oben verbracht hat. In den Wintermonaten allerdings weichen die Bewohner der eisigen Kälte und dem Schnee und ziehen in ihre Wohnungen in der Stadt. Yousefs Familie besitzt in Teheran die Werkstatt Moradi Repair, in der meine Enduro für die weitere Strecke fit gemacht wird. Der vierte Ölwechsel, eine neue Kette und die Reifen aufgepumpt, mehr war nicht nötig bei meinem tapferen kleinen Reisemoped, das nun schon seit 77 Tagen und 11.114 Kilometern mit mir unterwegs ist.

Vor vielen Jahren ist Yousef mit einer Honda Gold Wing von Deutschland in den Iran gefahren. Heute sind wir auf seinem 125er-Motorroller durch Teheran gecruist, bis zur Seilbahnstation. Natürlich ohne Helm und Schutzkleidung, kreuz und quer durch den Verkehr, wie es hier alle Mopedfahrer machen. Motorräder dürfen im Iran maximal 250 Kubikzentimeter haben. Schnellere Maschinen darf man nur freitags und auf festgelegten Routen fahren. Andernfalls droht eine Geld- und im Wiederholungsfall eine

Gefängnisstrafe. Offensichtlich hat der Iran aufgrund der von US-Präsident Donald Trump angedrohten Sanktionen gerade ganz aktuell auch die Einreise von Motorrädern über 250 Kubikzentimeter untersagt. Das heißt für Motorradreisende, die bereits mit größeren Maschinen hierher unterwegs sind, dass sie den Iran umfahren und stattdessen mit dem Schiff über das Kaspische Meer übersetzen müssen. Auch wenn sie das „Carnet de Passage" für den Transit durch den Iran für 3000 Euro Kaution bereits in der Tasche haben. Es ist insgesamt kein einfaches Land für Reisende. Seit Tagen kann ich keine E-Mails mehr abrufen. Im Iran sind viele Internetseiten gesperrt, unter anderem Facebook, GMX und You-Tube. WhatsApp funktioniert überraschenderweise, wenn ich im Hotel im WLAN bin, sodass ich problemlos kommunizieren kann. Ich frage mich, ob ich überwacht werde. „Ab der Grenze wirst du von einem Auto beschattet", schreiben Leute, die durch den Iran gereist sind. In meinem Fall ist das nicht so, zumindest habe ich nichts bemerkt. Mir wäre es wahrscheinlich aufgefallen, denn ich fahre ja nicht so schnell, und das Auto hätte ständig hinter mir herschleichen müssen.

Auch sonst sind die Auswirkungen der Politik im Alltagsleben zu bemerken. Seit Trump das Atomabkommen im Sommer 2018 aufgekündigt hat, sind die Lebensmittelpreise stark gestiegen. In dem Hotel in Teheran, in dem ich untergekommen bin, esse ich wie so oft Hühnchen mit Reis, während die iranischen Angestellten Reis ohne Hühnchen essen – mehr können sie sich nicht leisten.

Die Straßen im Iran sind teilweise sogar besser als unsere Straßen in Deutschland. Tankstellen gibt es genug. Die Infrastruktur in den Großstädten ist vergleichbar mit der Infrastruktur in unseren Städten: große Krankenhäuser, Universitäten, Cafés, Restaurants. Doch die allgegenwärtige Kontrolle ist spürbar und tief in den Köpfen der Menschen verankert. Trotzdem ist die Gastfreundschaft überwältigend. Die Menschen betrachten mich sehr aufmerksam, die meisten freundlich. Viele lächeln und strecken den Daumen in die Luft, wenn sie mich vorbeifahren sehen. Trotz des Motorradfahrverbots für Frauen. Oder vielleicht gerade deswegen?

14. August // Gjadsa // 11.216 km

Ich habe die quirlige Metropole Teheran verlassen und fahre durch die Berge in Richtung Kaspisches Meer. Im Hinterland erheben sich die Ausläufer des Elburs-Gebirges, grün bewaldete, bis zu 4800 Meter hohe Berge. Vom Kaspischen Meer steigen Nebelvorhänge auf, die das Gebirge umschmeicheln. Ich atme auf und genieße die Fahrt durch diese erstaunliche Landschaft. Auch ohne Drohne gelingen dem Filmteam hier beeindruckende Aufnahmen. Die erforderliche Höhe erreichen sie, indem sie sich mit der Kamera weit oben am Berg postieren und ich vorausfahre.

Wenig später stehe ich mal wieder an einer Tankstelle und warte auf mein übliches Publikum, die glotzenden Männer. Doch dieses Mal ist es anders. Ein Mitarbeiter der Tankstelle fragt mich beim Tanken vorsichtig, wo ich herkäme.

„Aus Deutschland."

„Bist du Christin?"

„Ja."

Plötzlich schüttet mir der Mann sein Herz aus. Mitten im Tankvorgang bricht es aus ihm heraus. Er spricht leise und kommt ganz nahe heran, er hat offensichtlich Angst, dass seine Kollegen mithören.

„Ich bin auch Christ. Heimlich."

„Ja?"

„Seit Langem habe ich mit niemandem mehr darüber gesprochen. Nicht mal meine Familie und meine Freunde wissen davon."

„Das ist bestimmt schwer."

„Ja. Ich war Moslem und bin konvertiert. Aber ich kann nicht mit anderen Christen beten. Das würde mich und meine ganze Familie in Schwierigkeiten bringen."

Der unerwartete Gefühlsausbruch des christlichen Tankwarts bewegt mich tief. Beim Weiterfahren denke ich an ihn und seine schwierige Lage. Könnte dieses Land es wirklich nicht verkraften, wenn jeder nach seiner Fasson selig würde? Dürfen wir von einer Welt träumen, in der jeder Mensch seine Meinung frei äußern und sein Leben nach seinen Möglichkeiten und Wünschen gestalten kann? Ich glaube fest daran, dass der Tankstellenmitarbeiter und ich uns eines Tages in einer freien Welt wiedertreffen. Ja, ich bin eine Idealistin.

17. August // Bandar-e Anzali // 11.711 km

Ali ist tatsächlich der beste Guide, den wir hätten bekommen können. Immer wieder muss er anhalten, zurückfahren, damit das Filmteam drehen kann. Er bleibt ruhig, freundlich und überaus höflich. Ein echter Perser. Ali macht uns den Vorschlag, entlang dem Kaspischen Meer zu den Süßwasserlagunen bei Bandar-e Anzali zu reisen. Wir stimmen zu. Eine gute Entscheidung! An der Lagune machen wir einen Ausflug in einem kleinen Motorboot und erleben eine zauberhafte Wasserwelt inmitten der zerklüfteten bergigen Landschaft des Nordirans. Riesige Felder von rosa blühendem Lotus umgeben uns, kleine Vögel zwitschern zwischen den Pflanzen, die ihre Rhizome tief ins warme Wasser senken. Auf ihren flüssigkeitsabweisenden dunkelgrünen Blättern perlen die Wassertropfen. Der Lotus steht in Asien für Reinheit, Treue und Erleuchtung. Es ist so schön und still hier ... ich würde gerne bleiben.

Wir müssen uns allerdings noch eine Unterkunft suchen und finden ein Haus direkt an der Lagune. Rechts und links neben unserem gibt es weitere Ferienhäuser, nebenan hat sich eine persische Familie einquartiert. Sie grillen und laden uns zum Essen ein. Wir bieten ihnen etwas von unserem Abendessen an, das wir im gegenüberliegenden Lokal bestellt haben.

Später am Abend bringen die Männer dann selbst gebrannten Schnaps. Da ich mich entschieden habe, auf der ganzen Reise keinen Alkohol zu trinken, begnüge ich mich damit, an der Flüssigkeit zu riechen. Johannes lässt es sich nicht nehmen, ein, zwei Becher davon zu kosten. Paul und ich sind am anderen Morgen froh, dass unser Freund nicht erblindet ist durch den Genuss der selbst gebrauten Köstlichkeit.

Endlich am Meer! Eine Wohltat nach den Bergen, Wüsten und Steppen, die ich durchquert habe. Es ist feuchtwarm, mit einer leichten Brise im Schatten jedoch gut auszuhalten, zumal ich bei meiner Unterkunft direkt am Wasser offensichtlich meinen Hijab, mein Kopftuch, ablegen kann, ohne dass das iranische System zusammenbricht. Hier bei Bandar-e Anzali am Kaspischen Meer im Norden Irans könnte ich bleiben. Ich würde dann allerdings die Speed-Boat-Ausflügler gerne daran hindern, wie die Irren am Haus vorbeizubrettern. Und die idyllische Lagunenlandschaft wieder in ihren natürlichen Zustand zurückversetzen wollen.

Wie gerne würde ich jetzt ins Meer gehen und eine Runde schwimmen! Am Strand ist viel los, Jungen spielen, Männer fischen und brausen mit Jetskis über die Wellen. Die männlichen Badegäste haben Badehosen an, manche T-Shirts. Die Frauen tragen entweder Tschador, den Ganzkörperschleier, oder lange Hosen, lange Oberteile und Kopftuch. Wenn eine Frau baden will, muss sie vollständig angezogen ins Wasser gehen. Wer will das schon? Eine junge Iranerin spricht mich an, in gutem Deutsch, der Wind bläst ihr Kopftuch halb von den Haaren. Sie stimmt mir zu, dass sich etwas ändern müsse, wenn die iranische Gesellschaft eine Zukunft haben will. „Wir brauchen mehr Freiheit!", sagt sie und zieht das Kopftuch wieder zurecht. Sie ist ziemlich mutig.

Mein liebes Filmteam ist wieder zurück auf dem Weg nach Deutschland. Ich werde weiterreisen entlang der Küste. Dann westlich Richtung Täbris. Und weiter zur türkischen Grenze. Was mich in der Türkei erwartet, nachdem die von Trump angedrohten Wirtschaftssanktionen in die Tat umgesetzt werden, weiß keiner. Es bleibt spannend.

21. August // Jolfa // 12.128 km

Seit Tagen reise ich durch die Berglandschaften des Nordiran. Atemberaubende, faszinierende Gebirge von 2000 bis 4000 Meter Höhe. Die Ausläufer des Elburs-Gebirges begleiten mich auf dem Weg vom Kaspischen Meer Richtung Jolfa. Hier tauchen unvermittelt farbige Berge auf, rosa, rötlich, beinahe orange, grau, ins Grünliche übergehend, ein sanftes Weiß ...

In Ost-Aserbaidschan, wie dieser Teil des Nordiran auch genannt wird, sind die Berge dann dunkelrot. Hier liegt das Stephanuskloster, ein ehemaliges armenisch-christliches Kloster, inmitten bizarrer Felsformationen. Der Weg führt am Fluss Aras und der armenischen Grenze entlang. Bereits im 4. Jahrhundert soll die Kirche Bischofssitz gewesen sein; nun gehört die im 16. und 18. Jahrhundert grundlegend erneuerte Anlage zum UNESCO-Weltkulturerbe. Wüste, Städte, Berge – ein beeindruckendes Land, der Iran. Und noch habe ich nur den Norden durchreist. Ali, unser Fahrer und Guide, sagt, ich müsse wiederkommen und auch den Süden Irans kennenlernen. Morgen werde ich Persien verlassen. Meine Reise führt mich weiter durch die Türkei.

Kurz vor der Grenze verfahre ich mich, lande im Nirgendwo zwischen Iran und Armenien. Immer mit ein bisschen Übelkeit im

Bauch, denn ich habe schlecht geschlafen, weil die Leute im letzten Hotel im Iran bis weit in die Nacht hinein gelärmt haben. Dann dieser ständige Druck, nicht das Kopftuch herunterrutschen zu lassen, nicht durch burschikose Gesten oder kritische Reden den Iran zu verärgern. Niemand hat mich belangt, ich wurde nicht verfolgt und kein einziges Mal gefilzt.

Doch die Angst vor Sanktionen sitzt den Menschen im Iran im Kopf. Sie ducken sich unter den unhaltbaren Regeln. Ziehen sich ins Private zurück. Die Frauen werden diskriminiert. Sie sind kein selbstverständlicher Teil der Öffentlichkeit. Die Strafen bei Verstößen sind hart bis hin zur Todesstrafe. Zeugenaussagen einer Frau gelten nur halb so viel wie die eines Mannes. Ein krankes System kann keine zufriedenen Menschen hervorbringen. Sie lieben und hassen ihr Land. Und ihre Gastfreundschaft ist unübertroffen. Ich werde wiederkommen.

Asiatische Geparden – vom Aussterben bedroht –
kommen nur noch im Iran vor

Yosɘf zeigt mir seinen Iran

Sonnenschirmangebot im großen Basar in Teheran

*Iraner begrüßen
die fremde Motorrad-
fahrerin herzlich*

*Im weltweit größten Basar
im südlichen Teheran*

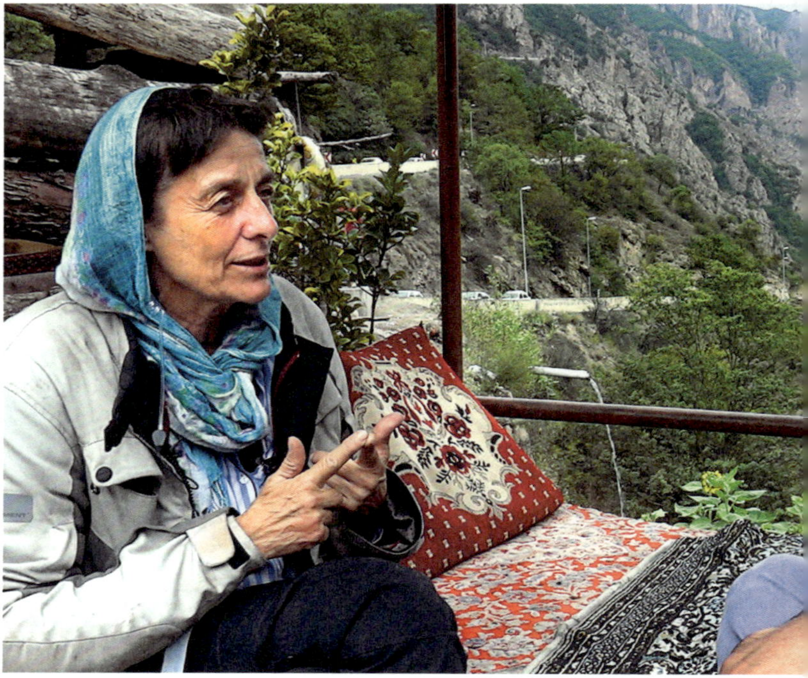

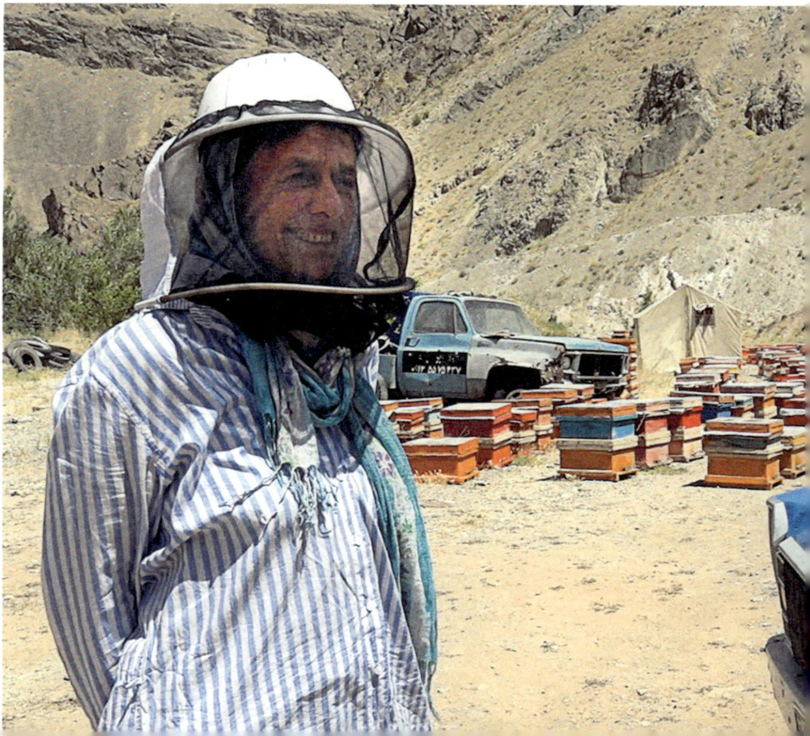

Rast im Elburs-Gebirge
auf dem Weg ans
Kaspische Meer

Zu Gast beim Imker
im Elburs-Gebirge

An der Tankstelle
bin ich immer wieder
eine Attraktion

Im Gespräch mit einer
Deutsch sprechenden Iranerin

Thaddäus-Kloster, ehemaliges armenisches Kloster
in der Provinz Ostan

Parkprobleme am Bosporus

Türkischer Kaffee und Maschinenöl

Türkei

22. August // Dogubayazit // 12.602 km

Weg mit dem Kopftuch! Ich bin mit Ach und Krach aus dem Iran herausgekommen und, an ausgetrockneten Flussbetten vorbei, durch Ostanatolien nach Dogubayazit gelangt. Beim Geldwechseln wurde ich von iranischen Gaunern übel betrogen. Ich habe nicht aufgepasst, war gestresst. Der Grenzübertritt in die Türkei dauerte drei Stunden. Jedes Papierfitzelchen wurde zehnmal geprüft. Das Moped musste mitsamt Gepäck mit viel Getöse im Lastwagenscanner gecheckt werden, wer weiß, warum. Am Ende fluchte ich nur noch laut herum, schrie und zeterte – sehr zur Freude der Lkw-Fahrer. Die Lastwagen stehen dort tagelang Schlange. Während ich mich über die Schikanen der Grenzer ärgerte, fuhren reihenweise iranische Autos an mir vorbei in Richtung Türkei.

Im Grenzland zwischen Iran, aserbaidschanischer Enklave Nachitschewan und Ostanatolien liegt der 5137 Meter hohe Ararat. Die Zufahrtsstraßen werden vom Militär bewacht, nicht zuletzt seit der Entführung und Geiselnahme von drei deutschen Bergsteigern im Jahr 2008. Ich schmuggele mich auf einer kleinen Nebenstraße durch und fahre nahe heran an den gewaltigen Vulkankegel, der sein Haupt in Wolken hüllt.

Ich komme gut voran auf der türkischen Schnellstraße, die meist in Sichtweite des Schwarzen Meers verläuft. An die Ampeln in der Türkei muss ich mich erst gewöhnen. Die erste rote Ampel habe ich glatt überfahren. An den ständig fließenden Verkehr im Iran hatte ich mich dagegen recht schnell angepasst. Alle achten darauf, den Vordermann nicht zu touchieren. Wer rechnet denn damit, dass die Leute an einer roten Ampel stoppen?

Am Rande eines kleinen Ortes mache ich Pause und fahre zu einer Bucht. Ich setze mich auf die Kaimauer und genieße den Blick aufs Meer. Es riecht anders als das Kaspische Meer – salzig, frisch, nach Algen und Fisch. Ein Geruch, der mich entspannt und an Urlaub erinnert. Ich glaube, ich kann auch die politischen Bedingungen mitriechen. Am Kaspischen Meer stand ich mit verschleierten Frauen am Strand und konnte nicht baden, das riecht für mich nicht nach Freiheit, das riecht nach Unterdrückung. Hier fühle ich mich schon etwas besser, wenngleich die gesellschaftlichen Bedingungen in der Türkei auch nicht gerade besser geworden sind in letzter Zeit.

„Nice to meet you!"

Der Mechaniker gibt mir seine ölverschmierte Hand. Ich bin froh, wieder in einer Werkstatt zu sein. Mein Motorrad und meine Ausrüstung sind mittlerweile etwas ramponiert. Der fünfte Ölwechsel, Kette spannen, Bremse einstellen. Die Bremsscheibe am Hinterreifen kann nicht ausgewechselt werden, es ist kein passendes Teil vorhanden. Der Mechaniker, ein Student in den Semesterferien, hilft seinem Vater in dessen Motorradwerkstatt. Sein Vater war im Juli mit drei Kumpels zusammen mit schweren Maschinen im Iran. Sie seien da ohne Probleme hinein- und wieder herausgekommen, erzählt der türkische Student. Vater und Sohn sind sehr freundlich zu mir und den anderen Kunden. Sie arbeiten zügig, mit großer Sorgfalt und freuen sich über jeden Biker, der hereinkommt. Mit mir als Frau haben sie keine Probleme. Sie haben einfach nur Respekt vor meiner langen Tour. Echter türkischer Kaffee. Smalltalk über Motorräder.

„Ruf mich an, wenn du Probleme hast!", sagt der junge Mann zum Abschied und gibt mir die Visitenkarte der Werkstatt.

Ja, und die Haselnüsse – auf Türkisch: „Findik" – sind reif. Sie wachsen an den sonnigen Hängen im anatolischen Hinterland; die Büsche sind leicht zu erkennen am rötlichen Laub. Gute Nachricht für alle Nussnougatcreme-Fans: Die Ernte ist gut!

Es ist manchmal schwierig, nicht alles sofort zu bewerten, was ich erlebe und wahrnehme. Ich versuche, offen zu bleiben. Das zeigt mir auch wieder das kurze Gespräch mit dem zwölfjährigen Sohn der Hotelbesitzer, bei denen ich heute übernachte.

„Du, das Türschloss meines Zimmers funktioniert nicht!"

„Ja, ich weiß."

„Und?"

„Das ist kein Problem. Sie können das Zimmer ruhig offen lassen."

„Sicher?"

„Ja. Ihre Sachen sind sicher."

26. August // Tosya // 13.804 km

Auf den Tag genau vor drei Monaten und 13.804 Kilometern bin ich in Thurnhosbach aufgebrochen. Nun bin ich in Tosya. Unfassbar, was ich schon erlebt habe auf dieser Tour. Immer wieder muss ich mir Zeit nehmen, die Eindrücke zu verarbeiten. Ich schreibe Tagebuch, schaue Videos und Fotos durch, schreibe alle paar Tage einen

Blog-Beitrag. Das hilft dabei, all das Erlebte zu sortieren. Zwischendurch lasse ich beim Fahren die Landschaft einfach durch mich hindurchfließen. Mache mich durchlässig. Das hilft auch beim Kontakt mit den Menschen. Sie kommen auf mich zu. Klären mit mir, was zu klären ist. Helfen, so gut sie können.

In einem kleinen Ort in der Türkei hilft mir ein Hotelier, das Motorrad zu bepacken. Ich kann das natürlich allein, doch es ist so nett von ihm, dass ich mir helfen lasse. Als es nichts mehr zu tun gibt, zieht er kurz entschlossen noch schnell den Reißverschluss einer meiner Belüftungsöffnungen an der Motorradjacke zu. Diese kleine liebevolle Geste nehme ich in Gedanken mit auf die nächste Etappe – und werde sie wahrscheinlich nie vergessen.

28. August // Istanbul // 14.387 km

Unterwegs in Richtung Istanbul. Dort war ich schon mal, als ich von 2015 bis 2016 auf dem Europäischen Fernwanderweg 3 von zu Hause aus nach Bardo in Polen gewandert bin, in mehreren Etappen. In dem Jahr flog ich auch mit meinem Sohn Phil nach Istanbul. Es war November. Es regnete und war kalt. Noch hatte sich der Militärputschversuch nicht ereignet, noch warfen die politischen Folgen dieses Ereignisses nicht einen Schatten auf das Land. Wir fuhren entspannt im Mietwagen über die Bosporus-Brücke. Hinüber nach Asien. Hörten im Autoradio laute türkische Musik. Da war die Türkei noch ein Land in Bewegung mit dem Blick Richtung Europa.

Jetzt sind häufiger auch junge Frauen verschleiert zu sehen und viel Polizeipräsenz auf den Straßen. Es scheint mir, dass weniger europäische Touristen hier sind. Ich bin in Fatih untergekommen, dem alten Stadtkern Konstantinopels, nahe dem großen Basar und der Galata-Brücke am Bosporus. Ich habe mich mitten in den

Stadtverkehr Istanbuls gewagt. Um die Unterkunft in der Altstadt zu finden, bitte ich einen Taxifahrer, mich zur Adresse zu lotsen. Es gibt wieder den typischen Auflauf, als ich mit der Enduro durch die engen Gässchen zu dem kleinen Hotel fahre und dann den Helm abnehme.

„Wo kann sie ihr Motorrad abstellen?", fragt der Taxifahrer an der Rezeption, während ich draußen auf der engen Gasse warte.

„Ich kenne den Besitzer eines Parkhauses hier um die Ecke", sagt der Hotelbesitzer, „der wird sicher noch ein Plätzchen haben. Ich sage ihm Bescheid."

Während dieses Gesprächs warte ich draußen im Getümmel, zunehmend genervt, die Situation stresst mich. Der Hinterreifen der Honda steht noch halb auf der Straße, ein Auto kommt und hupt, weil es nicht vorbeikommt. Ich winke dem Autofahrer zu, vielleicht etwas zu ruppig, vielleicht sage ich auch etwas Unfreundliches. Jedenfalls stellt sich heraus, dass es ausgerechnet der Besitzer des Parkhauses ist. Er ist sauer und will mich prompt nicht mehr dort parken lassen. Mit viel Müh und Not muss ihn der Hotelier überreden, dass ich meine Maschine wenigstens bis acht Uhr am nächsten Morgen im Parkhaus stehen lassen darf.

Punkt acht stehe ich am nächsten Morgen in dem düsteren, engen Parkhaus, und der Chef persönlich beobachtet mit scharfen Blicken, ob ich auch wirklich pünktlich verdufte. Ich schaue, dass ich wegkomme und diese stressige Stadt möglichst schnell verlasse. In der angespannten Situation verliere ich allerdings mein Brillenmäppchen, was ich erst später bemerke. Die Brille war alt und verkratzt und die Ersatzbrille bald gefunden; doch in dem Mäppchen war auch mein Schweizer Taschenmesser. Das ärgert mich sehr.

Istanbul ist ein Desaster für mich. Und trotzdem berührt die Stadt mich tief. Hier ist Geschichte fühlbar. Und trotz des vielen Verkehrs, den 15 Millionen Einwohner verursachen, kann ich frei atmen. Ich möchte bleiben und diese Luft atmen am Bosporus. Oben bei der Moschee stehen und über die Kuppeldächer des großen Basars auf die Stadt und das offene Meer schauen. Durch die tausend und ein Gässchen der Basare schlendern. Die Gewürze riechen. Die Stoffe befühlen. Die kupfernen Teekannen bewundern. Hier und da von den Süßigkeiten naschen ...

Und dennoch: Morgen fahre ich weiter. Richtung Edirne und Bulgarien. Zurück nach Europa!

An der Grenze
zwischen dem Iran
und der Türkei

Ostanatolien

*Glücklicherweise wieder
eine Werkstatt gefunden
für den Ölwechsel*

Spät am Abend werden die Temperaturen angenehm
und die Straßen zum Wohnzimmer

Istanbul, Blick über den Basar auf den Bosporus

Unfall kurz vor dem Ziel

Rückreisegedanken

Sexszenen am Mittelmeer

Kurvenlabyrinth in den Bergen

Rückkehr aus einer anderen Welt

Heimweh nach Himbeeren

Bulgarien, Montenegro & Kroatien

29. August // Svilengrad // 14.670 km

Heute bin ich in Svilengrad im Südosten von Bulgarien angekommen. Aus Istanbul hinauszufinden Richtung Edirne war wesentlich einfacher als hinein in die Altstadt.

Kurz vor der Grenze der Türkei zu Bulgarien eine letzte Tankstelle. Viele Türken fahren aus dem Sommerurlaub zurück, sie tanken noch mal billiges Benzin vor der langen Reise nach Deutschland. 20 bis 25 Stunden werden sie unterwegs sein. Ihre Autos voller Lebensmittel, Hunderte Autos mit Familien. Hinter mir steht ein Mann mit einer Honda Afrika Twin, einem hoch entwickelten Adventure Bike für lange Reisen. Er spricht Englisch und stellt sich kurz vor: „Hallo, ich bin Cem."

Cem holt mich an der Grenze wieder ein, hupt kurz und fährt direkt zur Grenzkontrolle durch. Ich hinterher. Eine gute Entscheidung! Hunderte von Urlaubsheimkehrern warten an den Kontrollstellen. Vermutlich dauert es Stunden, bis alle abgefertigt sind. Motorradfahrer werden netterweise durchgewunken, auch von den Autofahrern. Ohne Klimaanlage bei über 35 Grad in der Sonne zu stehen – das wollen sie uns nicht zumuten.

Cem Ironbutt kennt diese Grenze und nimmt mich einfach mit. Erst die türkische Grenzkontrolle, dann die bulgarische. Eine Versicherung fürs Motorrad habe ich, er muss eine abschließen.

„Ausweis! Fahrzeugschein!"

„Hier."

„Habt ihr etwas zu verzollen?"

„Nein."

„Weiter, *follow me*." Was für ein Spaß: Ich drehe ein bisschen mehr am Gas als nötig, und schon sausen wir zusammen durch das übliche Prozedere, tauschen Kontaktdaten aus, posieren für ein Selfie fürs Fotoalbum, zwischendurch ein paar persönliche kleine Geschichten. Ein herzlicher Händedruck. Jeder hat seine Pläne. Geht seinen eigenen Weg.

„*Have a safe trip*." Wie beglückend solche kurzen Begegnungen sein können ... Wenn man sich vertraut. Sich unterstützt. Aufeinander aufpasst. Sich nahekommt. Ohne sich lange kennenlernen zu müssen. Einfach weil es zweckmäßig ist und nett.

Wie gut, wieder in Europa zu sein! Es gibt wieder alles: Früchte, Wein, Frauen in leichten bunten Sommerkleidern. Kaum jemand guckt, wenn ich den Helm abnehme, ich finde mich gut im Verkehr zurecht. Hier in Bulgarien wird wieder mit kyrillischen Buchstaben geschrieben und Russisch gesprochen. Beim Blick auf eine Zeitschrift mit Sommerbeeren auf frischem Joghurt keimt kurz etwas Heimweh auf. Zu Hause in meinem Garten müssen die Himbeeren nun reif sein. Ich bin aber noch ein paar Wochen unterwegs. Sollen die Vögel sie genießen!

Abgeerntete Getreidefelder. Wein, Lavendel, Sonnenblumen. Ödland, auf dem Ziegen grasen. Am Horizont sehe ich ein hohes, karges Gebirge. Ich fahre gemütlich durch Bulgarien. Die geradlinige, gut ausgebaute E80 lädt zum Träumen ein. Noch bin ich nicht zu Hause, noch sitze ich auf meinem Ziegenfell. Auf einem Hotelparkplatz treffe ich eine junge Familie mit einem VW-Bus aus Deutschland. Der Bus ist überall mit Gaffer-Tape geflickt, hinten sitzen

Frau und Kinder beim Essen. Der Vater der Familie und ich kommen kurz ins Gespräch. Er nutze die Elternzeit, um zu reisen, sagt der junge Mann. „Ich habe einfach meine Familie gepackt und bin losgefahren, unser Ziel ist Aserbaidschan." Ein netter junger Mann, ich rede gerne mit ihm – doch warum hält er einen so großen Abstand zu mir? Er steht vielleicht zwei Meter entfernt von mir, während wir uns unterhalten. Also, das bin ich nicht gewohnt. Höchstens Armlänge! Sonst kriege ich es mit der Angst zu tun oder denke, der hat was gegen mich.

Ganz anders der Barkeeper im Spielcasino des Hotels, wo seltsamerweise mein Frühstück serviert wird. Das EarthandPeople Hotel direkt an der Autobahn kommt mir sehr edel vor, besonders im Vergleich zu den Unterkünften in Tadschikistan. Der Kellner rückt mir dermaßen dicht auf die Pelle, dass es mir schon wieder unangenehm ist. Auf Englisch erzählt er mir von seinen Arbeitsversuchen in Bonn als Fensterreiniger, hin und wieder flicht er ein paar deutsche Brocken ins Gespräch ein. Er weicht mir kaum von der Seite, auch wenn ich herzhaft in mein Brot beiße und dabei natürlich nicht reden kann.

Und weiter geht's nun nach Serbien. Alles Neuland hier für mich, noch nie da gewesen.

Morgens in die herrlich dreckigen Motorradklamotten steigen. Packtaschen festschnüren. Motor anwerfen. Aufsteigen und losfahren …

▶ **SERBIEN**

30. August // Nis // 15.212 km

Auch am Grenzübergang von Bulgarien nach Serbien warten Hunderte Türkeirückkehrer. Die Stimmung ist gereizt. Dicht an dicht stehen die Autos, es ist kaum ein Durchkommen möglich, ich muss mich an den Schlangen vorbeiquetschen. Ich bleibe an einem

Außenspiegel hängen und werde in einen Absperrzaun gedrückt. Lange muss ich nicht warten, sofort eilen zwei Männer herbei, um mir wieder in die Senkrechte zu helfen.

Wie schon in Bulgarien ist in Serbien von der staatsreligiösen Verkrampftheit des Iran nichts mehr zu sehen. Die Frauen kleiden sich dem Wetter entsprechend, sehen feminin aus und verführerisch, tragen ihre Haare offen und erfreuen sich an den sommerlichen Temperaturen und ihrer Schönheit. Und die Menschen sind freundlich, ja herzlich, ohne aufdringlich zu sein.

„You look like you're coming from another planet!"

Der braun gebrannte Serbe blickt mich belustigt an, und irgendwie hat er auch recht. Ich fühle mich tatsächlich so, als käme ich aus einer anderen Welt.

Der junge Serbe und seine Freundin können es nicht fassen, als sie hören, wo ich mit meiner kleinen Maschine überall war.

„Tadschikistan? Das ist ein Witz, oder?"

Auch die Jungs, die mit ihren Maschinen und der Honda Gold Wing unterwegs sind zu einem Motorradtreffen, wollen ein Foto mit mir.

Und eigentlich denkt auch Aleksandar, ich wäre ein Kerl, als ich mich hilfesuchend, noch auf dem Motorrad sitzend, umschaue. Dabei stehe ich direkt vor dem Hotel, das ich seit geraumer Zeit in der Innenstadt von Nis suche. Erst als ich den Helm abnehme, erkennt er seinen Irrtum und entschuldigt sich tausend Mal, dass er nie auf der Straße einfach so eine Frau ansprechen würde ... Ich erzähle kurz meine Geschichte und denke, er will sicher auch ein Foto mit mir.

„Ein Selfie?"

„Lieber nicht, danke...", meint er. Das ist mir auch noch nie passiert.

„Warum?"

„Ich habe vier oder sechs Kinder, so genau kann ich mich nicht festlegen, sieben Enkelkinder, und meine Frau ist sehr eifersüchtig. Deshalb lieber nicht."

Stattdessen fragt er mich aus.

„Isst du nur Bananen, oder warum bist du so dünn?"

Er selbst wiege 108 Kilo, gibt er zu.

Bei einem Kaffee kommen wir ins Gespräch über Serbien, die Politik, die Kinder und Enkelkinder, meine Tour und die Arbeit.

„Ich habe übrigens einen Abschleppdienst. Wenn du Hilfe brauchst, ruf mich einfach an!", sagt er und gibt mir seine Nummer.

▶ MONTENEGRO

2. September // Petrovac // 15.888 km

Dass ich mich in diesen Bergen so fürchterlich verfahren könnte, hätte ich nie gedacht. Ein besonderes Ereignis, wohl zur Feier des 100. Tages meiner Reise nach inzwischen 15.888 Kilometern. Eigentlich wollte ich mich in Montenegro, diesem kleinen Land südlich von Kroatien, gar nicht aufhalten. Und nun sind es über 400 Kilometer geworden heute, davon gefühlte 150 Kilometer Kurven.

Unterwegs treffe ich einige Frauen auf Motorrädern. Eine BMW-Fahrerin aus Finnland. Zwei kroatische Mädels auf einem Motorrad. Die beiden finden meine Übungsfahrten durch die Kurven so spannend, dass sie mich geraume Zeit von hinten und vorne filmen. Genau wegen dieser Kurven wollte ich die Berge meiden; doch mein Navi hat mich heimlich hineingelockt.

Ich sagte es bereits: Ich liebe lange gerade Strecken und bin nicht so der Kurventyp. Das liegt zum einen an der Sorge vor einem Sturz. Zum anderen auch daran, dass ich ziemlich aufrecht auf der Enduro sitze und daher der Schwerpunkt weit oben ist, sie ist vor allem in Innenkurven bergauf nicht schnell genug, um zackig durchzukommen. Ich habe heute also den Verkehr erfolgreich verlangsamt. Allen Respekt den Ladys, die so souverän ihre großen Maschinen fahren.

Mein Tagesziel Dubrovnik ist wohl nicht mehr zu erreichen. Macht nichts, ich bleibe ab und zu stehen und genieße den Blick. Die wild zerklüfteten steilen Berge und Schluchten mit ihrem mediterranen Bewuchs und den weit ins Land hineinreichenden Ausblicken sind faszinierend. Hier leben Luchse, Bären und Wölfe noch recht ungestört. Und dann bin ich doch noch angekommen am Mittelmeer.

···▶ **KROATIEN**

3. September // Dubrovnik // 16.062 km

Mein Aufenthalt in Dubrovnik beginnt mit einer Sexszene, die ich im Park beobachte. Es kracht im Gebüsch, als würde ein Hund Knochen zerknacken. Aber es sind Schildkröten, die sich tapfer im Vorspiel üben. Sicherheitshalber ziehen sie die Köpfe ein, bevor ihre Panzer aufeinanderklappern. Dann hier ein Rempler und da ein Biss ins Beinchen. Als sie dann endlich zur Sache kommen, hat er Mühe, oben zu bleiben. Sie kriecht beständig weg. Ein Riesenspaß ist das wahrscheinlich nicht.

Auch sonst hat Dubrovnik einige Attraktionen zu bieten. Als ich 2001 schon einmal in Kroatien war, konnte ich diese Stadt nicht besuchen. Nun erwandere ich sie. Das Motorrad bleibt vor den Toren der Altstadt, das Zentrum ist eine Fußgängerzone. Mich zieht es vorbei an den Touristenmassen zu einer kleinen Kneipe an den Klippen über dem Meer, schon ein bisschen außerhalb der Stadtmauern der Altstadt gelegen. Hier treffen sich die Insider. Um zu plaudern. Übers Meer zu schauen und zu träumen ...

Vom Kaspischen Meer zum Schwarzen Meer und nun ans Mittelmeer. Über Gebirge, durch Wüsten, quer durch Millionenstädte.

Das Rauschen der Wellen klingt friedlich in der beginnenden Nacht. Es ist ein gutes Gefühl, so weit gereist und nun gesund hier angekommen zu sein.

Ich bin nach vielem Hin und Her und langem Suchen im Appartement von Madame Merkurjus untergekommen. Dubrovnik liegt am Berghang und ist eine Stadt mit vielen Treppen. Direkt ans Haus zu fahren ist Luxus, und so schleppen die Touristen ihren Krempel treppauf und treppab. Obwohl die meisten Zimmer belegt sind und die Stadt tagsüber von Zigtausenden Kreuzfahrtpassagieren heimgesucht wird, sind die Kroaten, mit denen ich zu tun habe, freundlich und sehr hilfsbereit.

In einer kleinen Werkstatt in Dubrovnik verursache ich einen kleinen Aufruhr, weil ich früh am Morgen auftauche und schnell einen Service für mein Moped brauche. Ein fliegender Ölwechsel, es ist der sechste. Kette checken. Es kommt wohl nicht so oft vor, dass jemand wie ich hier hereinschneit.

Auf der Panoramastraße fahre ich mit Blick auf die Adria weiter. Ins Blaue. Herrliche Freiheit. Zum Frühstück gibt's frische Austern direkt am Meer. Die Honda läuft und läuft.

Am 102. Tag meiner Reise treffe ich beim Tanken an einer kroatischen Raststätte Walter und Katja aus Slowenien. Sie sind auf dem Rückweg von einem Kurzurlaub am Mittelmeer. Walter fährt eine Kawasaki VN2000, eine riesige Maschine, die bestimmt 400 Kilo wiegt. Die beiden kennen sich erst seit Kurzem, erzählen sie, und fahren nun zum ersten Mal gemeinsam Motorrad. Katja ist die Vorsitzende eines Frauenmotorradklubs. In Slowenien wollen die Männerklubs Frauen mit Motorrad nicht aufnehmen. Da haben die Mädels kurzerhand einen eigenen Klub gegründet. Katja fährt ihre Maschine seit 13 Jahren unfallfrei und raucht beim Reden wie ein Schlot. Beim Kaffee unterhalten wir uns angeregt, und ich darf kurz auf Walters monströser Maschine Platz nehmen – für ein Foto. Fahren würde ich sie nie, viel zu schwer. Wir verabschieden uns: „Gute Fahrt!"

5. September // Rab // 16.558 km

Bis zum nächsten Tag. Da treffe ich die beiden wieder. Wieder an einer kroatischen Raststätte. „Hätten wir uns verabredet", sagt Walter sichtlich gerührt, „wären wir uns wahrscheinlich nie wieder begegnet!"

Wir sitzen lange zusammen. Sprechen übers Motorradfahren, über die politische und wirtschaftliche Weltlage und meine Erfahrungen auf der Reise durch Zentralasien und den Iran. Walter spricht ganz gut Deutsch und übersetzt Katja, worüber wir reden.

Später schreibt Walter mir:

„Hallo! Beim Kaffee haben wir uns entschieden, dass wir Sie mal kontaktieren, denn Sie haben in unseren Gedanken für immer einen Stempel hinterlassen. Katja und ich haben uns gefragt, wie es Ihnen geht und ob alles klar ist? Danke, dass wir Sie kennenlernen durften! Walter und Katja, die Biker aus Slowenien!"

Auf dem Unterdeck der Fähre nach Rab komme ich mit zwei Jungs aus Österreich ins Gespräch, sie sind mit fetten Reise-Enduros unterwegs, BMW 1200 GS. Es dauert nicht lange, bis wir uns Wesentliches mitteilen. Ein ganz wichtiges Element dieser langen Reise sind die Begegnungen mit den Menschen. Allen voran der junge polnische Polizist, der mir nach meinem Sturz im Pamir so selbstverständlich Erste Hilfe geleistet hat. Seine ruhige Kompetenz gab mir das Gefühl, in Sicherheit zu sein. Wer einmal verwundet auf dem Boden lag, weiß, was gute Erste Hilfe bedeutet. Sie rettet Leben. Das sind aus meiner Sicht die wirklichen Helden des Alltags: Ersthelfer, Feuerwehrleute, Bergretter, Seenotretter, THW-Fachmänner und -frauen.

Nach über drei Monaten täglichem Aufbrechen und Weiterfahren gönne ich mir ein paar Tage des Innehaltens. Man könnte
es fast als Urlaub bezeichnen nach all der Anstrengung. Ich erhole
mich auf der Insel Rab mit ihrer gleichnamigen Stadt. Es ist sehr
hübsch und ruhig hier: Glockentürme, Restaurants, ein großer
Bootshafen und malerische Buchten. Hier will ich entspannen und
mich innerlich langsam auf die Heimkehr vorbereiten. Körperlich
eine leichte Übung, geistig nicht.

„Wie macht man das?", habe ich meinen erfahrenen Motorrad-
reisenmentor gefragt. „Nach so vielen Tagen auf der Straße den
Weg nach Hause finden?" Ich bin ja nicht zum ersten Mal länger
unterwegs. Über ein Jahr Marokko. Ein halbes Jahr Südeuropa,
Portugal. Viele Wochen zu Fuß unterwegs auf den Europäischen
Fernwanderwegen nach Spanien, über die Alpen, nach Osteuropa
Richtung Istanbul. Aber es ist bei dieser Reise besonders schwer.
Schmerzlich beinahe ...

„Es wird leichter nach den ersten Malen", sagt Daniel.

Ob es wirklich so leicht ist zu Hause? Morgens nicht aus dem
Bett springen, Packtaschen zuschnüren, Motorradklamotten an-
ziehen, starten und losfahren ... Was für ein schönes Geräusch: das
Anspringen des Motorradmotors am frühen Morgen!

Andererseits: Ich kann mir Zeit lassen, bin dankbar für das
Glück, eine solche Erfahrung gemacht haben zu dürfen. Ich lasse
es auf mich zukommen. Mal sehen, was es mit mir macht, dieses
Ankommen. Was für ein Geschenk!

Nach mehr als 16.500 Kilometern in drei Monaten bin ich endlich
am Mittelmeer angekommen. Im Iran und in der Türkei konnte ich
nicht baden, auf der Insel Rab kann ich endlich ins Wasser. Darauf
habe ich mich seit Tagen und Wochen gefreut. Ich bin überglücklich.

Unterhalb meines Ferienhauses auf Rab, wo ich ein Appartement gemietet habe, gibt es einen sauberen Hafenbereich, da komme ich gut ins Wasser. Es ist warm, vielleicht 23 Grad, und ich schwimme an der Kaimauer entlang auf eine kleine unbewohnte Insel, die etwa 150 Meter vom Strand entfernt liegt. Dort setze ich mich oben auf einen Hügel, genieße die sanfte Septembersonne, und während das Salzwasser auf meiner Haut trocknet, lasse ich meine Reise Revue passieren.

Hier in Kroatien, wo ich schon mal Ferien gemacht hatte und wo ich mich gut auskenne, fällt die starke Anspannung von mir ab. Ich fühle mich frei und unabhängig, kann mich entspannen, muss mich nicht verschleiern, darf mich überall bewegen und werde nicht mehr von zehn Männern umringt, wenn ich an einer Tankstelle stoppe. Ich bin wieder in Europa und fast schon wieder zu Hause.

7. September // Rab // 16.558 km

Sonja, meine freundliche Gastgeberin auf der Insel Rab, schenkt mir Obst aus ihrem Garten. *Pling!*

In dieser Idylle ploppt plötzlich über WhatsApp der mit dem Filmteam vereinbarte mögliche Heimreisezeitpunkt auf: der 19. September. Mir rutscht das Herz in die Badehose. Zwar ist in den letzten Tagen ein Gedanke in mir gereift: Eigentlich könnte ich mich nach über 100 Tagen auf Tour ganz langsam an den Rückweg wagen. Angesichts der WhatsApp-Nachricht schrecke ich nun vor dem Tag zurück wie ein Pferd vor der Schlange. Vielleicht lieber doch noch nicht so schnell? Geht es auch später ... oder noch später ...? Vielleicht nach Weihnachten ...?, schießt es mir durch den Kopf.

Ich frage mich, was mich so sehr abschreckt. Der Alltag? Das Müssen? Das Immergleiche? Das Festgefahrensein in Ritualen, die kaum zu durchbrechen sind? Die Termine? Die Gewohnheiten?

Bulgarien, Montenegro & Kroatien

Warum bloß vergessen wir so leicht, dass das Leben einmalig ist und voll des Zaubers? Dass jeder Tag, jeder Augenblick ein besonderer ist? Dass unser Leben endlich ist ...?

Doch zu Hause warten ja auch meine Freunde. Meine Familie. Meine Katzen. Mein Garten. Meine Ehrenämter.

Mit einem weinenden und einem lachenden Auge versuche ich mich also an diesen Tag heranzutasten. Noch ist Zeit. Noch bin ich auf dieser idyllischen Insel sicher. Noch trennen mich über 1000 Kilometer von zu Hause. Noch bin ich unterwegs.

12. September // Zagreb // 16.887 km

Auf einer Landstraße in der Nähe der Plitvicer Seen kommt mir auf meiner Fahrbahnseite ein Auto entgegen. Es hat eine Kolonne überholt, der Fahrer hat mich offenbar nicht gesehen. Etwa zehn Meter vor dem Frontalzusammenstoß tritt er auf die Bremse, dass die Reifen qualmen. Leider gibt er gleichzeitig Gas. Ich weiß nicht, wie ich reagieren soll. Ausweichen ist unmöglich auf der engen Fahrbahn. Einen Zusammenstoß muss ich unbedingt vermeiden.

Es ist tatsächlich so, wie man das oft im Kino oder Fernsehen sieht: Vor meinen Augen läuft ein Film ab, in Superzeitlupe und live. In Bruchteilen von Sekunden schießen mir folgende recht rationale Gedanken durch den Kopf:

„Wie viel Gewicht wohl bei dem Aufprall aufeinandertrifft?"

„Kann ich es riskieren, nicht auszuweichen?"

„Warum er mich wohl nicht gesehen hat?"

In dem Moment, in dem er wieder Gas gibt, entscheide ich mich instinktiv, auf den unbefestigten Randstreifen auszuweichen.

Beim Sturz strecke ich unwillkürlich die Arme aus, um mich abzustützen. Keine Ahnung, ob das eine gute Idee ist.

Ich liege im Rollsplit und fühle sofort, dass etwas gebrochen ist oder zumindest angebrochen.

Aus dem Augenwinkel sehe ich, wie der Unfallverursacher Gas gibt und verschwindet. Er haut einfach ab! Ein deutscher Urlauber und ein kroatischer Lastwagenfahrer, die den Beinahezusammenstoß beobachtet haben, halten an, um mir zu helfen. Sie stellen die Maschine wieder auf. Die Autofahrer wollen den Notruf wählen. Ich winke ab, bedanke mich herzlich und bedeute ihnen, alles sei okay – und fahre einfach weiter.

Die Aktion hat mich wohl den sechsten Bremshebel gekostet.

en Rast googele ich,
n sollte. „Gar nicht",
m eine Lungenent-

chock hatte und ob
wirklich vernünftig
erheilt ist. Ein Arzt
zmittel und Ruhe zu
eisen.

Aus den wilden monte-
negrischen Bergen
habe ich mich ans Mittel-
meer gerettet

Serbische Biker begrüßen die Weitgereiste freudig

Chem hilft mir über die türkische Grenze nach Bulgarien

Dubrovnik: Der letzte Ölwechsel vor der Heimfahrt

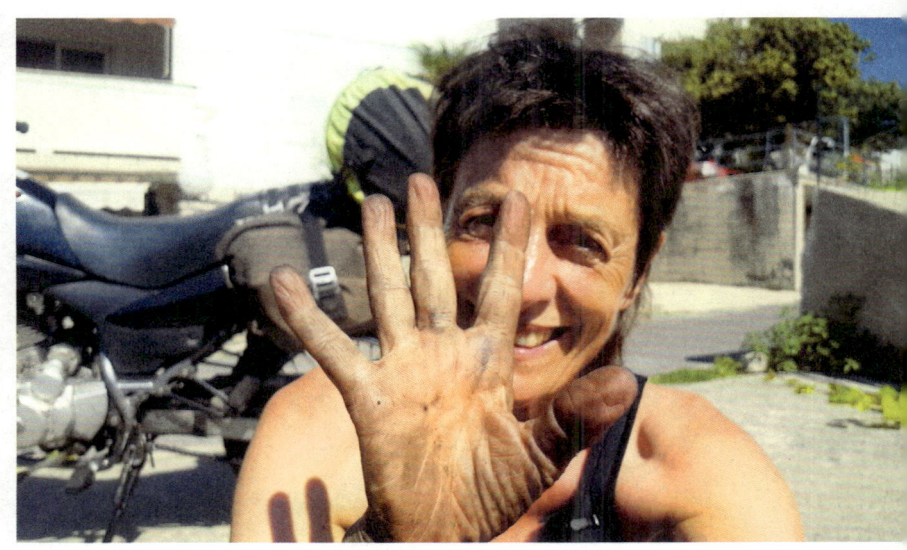

... und immer wieder wird die Honda geputzt

Die Heimkehr

Die Angst vor dem Alltag

Bilanz auf dem Campingplatz

Es riecht nach Heimat

Deutschland

15. *September* // *Tegernheim* // 17.597 km

Durch Slowenien und Österreich bin ich schnell hindurchgefahren. Jetzt bin ich wieder in Deutschland! Genauer gesagt, in Bayern. Von einem Gasthaus in Tegernheim bei Regensburg spaziere ich mittags zur nahen Donau. Dort sitze ich lange am Ufer auf einer alten, morschen Bank und lausche dem Plätschern der Wellen. Wieder einmal denke ich über die Reise nach. Es ist 25 Grad warm, unglaublich friedlich und still. Der Geruch des Flusses strömt in meine Nase: algig, erdig, dazu der Geruch nach Springkraut und vermodernden Pflanzen. Einzelne Fische springen aus dem Wasser. Ein intensiver Heimatgeruch. Als Kind bin ich in Tuttlingen immer in der Donau geschwommen. Plötzlich kommt ein Donaukreuzfahrtschiff angetuckert, eine Blaskapelle ist an Bord und beginnt zu spielen. Ich beschließe, nie in meinem Leben eine Flusskreuzfahrt zu machen.

16. *September* // *Harra an der Saale* // 17.785 km

Es riecht nach brennendem Holz, Gras und Brackwasser. Die Saale ist durch die Hitze des Sommers fast ausgetrocknet. Mein Benzinkocher war auf der Reise verbeult worden, ich konnte ihn kein einziges Mal benutzen. Nun habe ich ein Lagerfeuer aus Eichenholz gemacht. Zum ersten und einzigen Mal seit 17.785 Kilometern und

115 Tagen baue ich mein teures Leichtgewichtszelt auf. Es ist ein großes, knallrotes Zelt mit hoher Signalwirkung. Eigentlich hätte ich unterwegs gerne mal gezeltet, doch es erschien mir unmöglich, allein als Frau in Zentralasien zu campen.

Wenn ich in Tadschikistan mein Zelt aufgestellt hätte, wäre ich damit sofort aufgefallen. Vielleicht wäre ich nicht zwangsläufig überfallen worden. Ich wäre jedoch bestimmt belagert und belabert worden. Gut geschlafen hätte ich wohl auf keinen Fall. Deshalb habe ich es lieber gelassen, zumal ich immer geeignete günstige Unterkünfte gefunden habe: Hostels, Guesthouses, Ferienwohnungen, Jurten, Hotels.

In Harra an der Saale, wo ich nun mein Zelt zum allerersten Mal aufbaue, werde ich nicht von glotzenden Männern umringt. Der einzige Mann, der nach mir schaut, ist der Campingplatzbesitzer. Er kommt jeden Tag kurz vorbei und fragt, wie es meiner angeknacksten Rippe gehe und ob ich Hilfe bräuchte. Danke, ich brauche nichts, alles ist gut.

Ich sitze am Lagerfeuer, genieße die Ruhe und nutze die drei Tage hier, um mich innerlich auf die Rückkehr einzustellen und eine erste Bilanz für mich zu ziehen:

Ein Kupplungshebel

Fünf Bremshebel

Ein Spiegel

Sechs Ölwechsel

Eine neue Kette

Fünf Zahnpastatuben

Vier Zeitzonen

17 fremde Länder

Vier Vollmonde

Drei Meere

4655 Meter maximale Höhe
Zwei Stechimmen, die sich in meinen Helm verirrten
Ein schwerer Sturz
Viele kleine Stürze
500 MB Fotos für den Blog
17.785 Kilometer
115 Tage

Das sind die Zahlen und Fakten. Was die Reise für mich persönlich bedeutet, ist recht vielschichtig. Das muss ich erst noch in Ruhe sortieren.

18. September // Harra an der Saale // 17.785 km
Am Tag vor der Rückkehr überkommt mich ein Gefühl der Verlorenheit und Trauer. Lieber hätte ich die ganze Reise noch einmal gemacht, wäre zurück gen Osten gefahren oder nach Spanien oder einfach irgendwohin, nur nicht nach Hause. Es ist schwer, dieses Vagabundieren, diese Freiheit, dieses Übers-Land-Streichen aufzugeben. Aufbrechen ist schwer genug. Bevor ich losgefahren bin, musste ich mich von allen Ämtern, Aufgaben und Verpflichtungen befreien, es kam mir vor, als müsste ich mich aus einem Moorloch befreien. Unterwegs sein ist leicht und angenehm. Aber wie soll ich jemals wieder an einem festen Ort bleiben? In Thurnhosbach?

Alles Grübeln hilft nichts, und ich überlege, wie ich diese schwierige Prozedur der Rückkehr erträglicher gestalten könnte. Da fällt mir Motorradpfarrer Ralph Beyer aus Oetmannshausen ein, der Ehemann einer früheren Kollegin. Vielleicht kann ich ihn bitten, mit ein paar Bikern auf mich zu warten und mit mir nach Hause zurückzufahren. Das könnte mich daran hindern, einfach Richtung Spanien und Afrika durchzustarten. „Lieber Ralph, ich brauche Deine Hilfe", schreibe ich ihm und versuche, ihm meine Lage zu erläutern.

19. September // *Thurnhosbach* // 18.048 km

250 Kilometer, der letzte Tag. Von Harra an der Saale fahre ich direkt nach Herleshausen, dort bin ich mit einem Empfangskomitee verabredet. Der Motorradpfarrer hat mich verstanden. Er hat ein paar Leute kontaktiert, die mit mir zusammen im Konvoi nach Thurnhosbach fahren. Ich habe mir vorgestellt, wie er mit vier, fünf Motorradkumpels anrückt, doch nun wird das wohl ein richtig großes Event ... Denn gleichzeitig hat ein ehemaliger Kollege aus der Stadtverwaltung einen ganzen Bus mit Leuten aus dem Seniorenforum mobilisiert, um mich von Herleshausen nach Hause zu begleiten.

Auch Paul und Johannes warten an einer Raststätte, sie filmen den Konvoi mit ihren Kameras. Jemand von der Presse ist auch da. Insgesamt sind es etwa 20 Leute. Ich bin wirklich zutiefst gerührt. So viele Menschen haben sich einen Tag freigenommen, um mich bei meiner Ankunft zu begrüßen.

In Thurnhosbach fahren wir mit einem riesigen Hupkonzert ein. Die Dorfgemeinschaft wartet schon auf uns. Die Nachbarn haben meine Reise im Blog verfolgt, alle sind froh, dass ihre Ortsvorsteherin wieder gesund zu Hause angekommen ist. Ich bin sehr dankbar und froh! Die Nachbarn haben mir während der Reise den Rücken freigehalten, haben mein Haus betreut, sich um Katzen, Pflanzen und die Post gekümmert und meine Aufgaben als Ortsvorsteherin stellvertretend erledigt. Und für meine Ankunft haben sie ein großes Grillfest organisiert. Noch auf der Autobahnraststätte bei Herleshausen habe ich per WhatsApp durchgegeben, wie viel Personen wir sind, damit sie wissen, wie viel Würstchen sie noch aus dem Kühlschrank holen müssen. Jetzt ist alles bereit, die Würste sind durch, die Salate stehen auf dem Tisch, und die Motorradfahrer, der Pfarrer, die Dorfbewohner, der neue Gemeindepfarrer, die Senioren, der Kollege und ich sitzen noch ganz lange beim Dorfgemeinschaftshaus zusammen, um zu feiern. Dort gibt es einen großen überdachten Grill, es ist der Ort, an dem sich das Dorf nach getaner Arbeit immer trifft.

Spät fahren die Biker weg an diesem schönen Herbstabend. Die Thurnhosbächer verdrücken die letzte Bratwurst und das letzte Bier. Ich steige ein letztes Mal auf dieser unglaublichen Reise auf mein Moped, um den kurzen Weg heimzufahren. Dort stelle ich den Motor ab, schwinge mich vom Motorrad. Plötzlich ist alles ganz still um mich. Ich bin zu Hause angekommen – und froh, in diesem Augenblick allein zu sein. Allein mit mir, dem kleinen Motorrad, das mich so tapfer all die vielen Kilometer getragen hat. Allein mit meinen Gefühlen, den unendlich vielen Bildern im Kopf, allein mit meiner großen Dankbarkeit, die ich in diesem Augenblick spüre. Dankbar dafür, dass ich diese Reise machen durfte. Und dankbar dafür, dass ich wieder heil nach Hause gekommen bin.

Der Augenblick, in dem ich in mein Bett sinke, ist unbeschreiblich. Ich atme tief ein und aus. Ein Lächeln tritt auf mein Gesicht. Ich sinke in einen traumlosen Schlaf. Es ist, als ob ich auf Schwingen in eine andere Welt reise.

Endlich! In Harra an der Saale kann ich mein Zelt aufbauen

Freundliche Hilfe beim Motorrad-Warten

Die Biker begrüßen mich in der Heimat

Das Amt der Ortsvorsteherin wird mir zurückgegeben

Gemeinsam mit den Bikern feiert Thurnhosbach
meine glückliche Heimkehr

Zwischen China und Tadschikistan,
unterwegs im Grenzgebiet des Pamirgebirges

ÜBER
GRENZEN

Der kleine russische Tonvogel, den ich in Borissoglebsk geschenkt bekommen habe, sitzt nun in meinem Büro im Regal zwischen Aktenordnern und Stiften. Er erinnert mich an Russland und Valerie und an den hohen, weiten Himmel über diesem Land. Während ich meine Erinnerungen an diese unglaublich vielfältige Reise sortiere, Fotos und Tagebuchnotizen für dieses Buch durchgehe, schaut mir der Vogel stumm zu. Ich bin doch ganz froh, ihn mitgenommen zu haben.

Meine Reise nach Zentralasien hat mich bereichert. Und sie hat mich nachdenklich gemacht. Die Menschen im Pamir leben auf dem gleichen Kontinent wie wir hier in Deutschland. Sie haben dort eine Lebenserwartung zwischen 65 und 67 Jahren. Im Alter von 64 Jahren konnte ich noch zu einer Reise aufbrechen, um nach einem langen Arbeitsleben die Welt kennenzulernen. Das ist der Zeitpunkt, zu dem für die Menschen dort das Leben bald zu Ende geht.

Ich bin zutiefst dankbar, dass ich körperlich und geistig gesund genug bin, um in meinem Alter fremde Menschen und Länder kennenlernen zu dürfen. Dass ich mich auf dieser Reise mit schwierigen Situationen wie jenen im Iran auseinandersetzen musste, wo Frauen Menschen zweiter Klasse sind und auch so behandelt werden, erlebe ich trotz der bedrückenden Realität als Bereicherung. Über alle Grenzen hinweg konnte ich mit den Männern und Frauen dort über ihre Sicht auf die Welt sprechen und mich mit ihnen auseinandersetzen.

Ich werde wieder und wieder aufbrechen. Weil das Leben so reichhaltig ist und schön. Weil es so wundervoll ist, die Welt zu sehen und unterwegs großartigen Menschen zu begegnen. Im Herbst geht es los, mit meinem alten Benz Richtung Südostasien, über den Iran, Pakistan, Indien und Myanmar nach Thailand. Dort will ich mir ein Motorrad mieten und durch den Dschungel nach Laos fahren.

Auf meinen Reisen begegnen mir immer wieder Menschen unterschiedlicher Religionen und Kulturen – buddhistische Mönche in Südostasien, Muslime in Zentralasien, Christen in Europa. Jeder Glauben hat etwas Stimmiges, und ließe man den anderen nach seiner Fasson selig werden, könnten wir in Frieden miteinander leben. Der Grundsatz „Die Würde des Menschen ist unantastbar" sollte abgeändert werden in den Satz „Die Würde aller Lebewesen ist unantastbar". Ich glaube, dass die Menschen, die Tiere, ja alles Leben auf der Erde und im ganzen Kosmos eins sind. Ich bin keine Kirchensteuer zahlende Christin, aber ich habe über die Jahre meinen eigenen Zugang zum Glauben gefunden, der mich trägt. Dieses grenzenlose Recht auf einen eigenen Glauben, der durch das nicht immer leichte Leben trägt, hat jeder Mensch.

Die Sorge, durch einen Steinschlag im Pamir in die Tiefe gerissen zu werden, war begründet, hat sich aber zum Glück nicht bewahrheitet. Die Möglichkeit bestand allerdings. Auch ein schwerer Sturz auf der harten Piste oder ein Crash mit einem Auto hätten mein Ende bedeuten können. Die Kraftreserven aber, die bei einer solchen Unternehmung frei werden, schaffen Vertrauen in die eigene Stärke. Die Demut angesichts der Erkenntnis, dass wir sterblich sind und mein Leben in Zentralasien hätte zu Ende gehen können, hat mich die ganze Reise über begleitet. Auch bei der brutalen Anstrengung des Aufstiegs am Kyzyl-Art-Pass, bei der ich immer wieder in den schlammigen Dreck stürzte, hat mich ein stilles Gefühl des Glücks nicht verlassen.

Es war aber nicht durchgehend ein faszinierendes Abenteuer, die Realität kann auch ganz furchtbar sein. Der Terroranschlag im Pamir, bei dem vier Menschen ihr Leben verloren haben und drei teilweise schwer verletzt wurden, hat mich aufgerüttelt. Die Fernreisenden, die im gleichen Zeitraum wie ich und die Opfer dort unterwegs waren, standen zusammen, gaben sich Kraft. Wir empfanden tiefes Mitgefühl für die Familien und Freunde der Opfer. Aber aufgeben und heimfahren kam für die meisten Reisenden nicht infrage. Wir sind aufgebrochen, um in Frieden und Freiheit in der Welt unterwegs zu sein. Wir wollen uns nicht von Grenzen im Kopf und von irregeleiteten Gewalttätern davon abhalten lassen.

Die Folgen des Klimawandels, die ich unterwegs gesehen habe, machen mich tief betroffen. Obwohl ich nicht direkt durch Wüsten gefahren bin, führte mich meine Reise ab Kasachstan bis zur Türkei fast ausschließlich durch steppenartige Trockengebiete. Dort ist die Erderwärmung deutlich zu sehen. Die Grenzen des Erträglichen sind längst überschritten. Wo noch vor einigen Jahren Siedlungen neben Bächen und Flüssen standen, sieht man nur noch Zerfall und Wüste. Die Flussbetten sind ausgetrocknet, die Lehmhäuser Ruinen. Die ehemaligen Bewohner mussten ihr Hab und Gut zusammenraffen und in die Städte ziehen. Sauberes Trinkwasser aus dem Wasserhahn gab es nirgends unterwegs in Zentralasien.

Die Rechte der Mädchen und Frauen auf Bildung, Selbstbestimmung und ein eigenes Einkommen machen an vielen Ländergrenzen Halt. Diese Rechte sind aber eine Voraussetzung dafür, dass ein Volk sich weiterentwickeln kann. Ich finde, wir müssen es als unsere gemeinsame Aufgabe ansehen, Völkern die Möglichkeit zu geben, ihre Kompetenzen auszubilden, und sie dabei stärken, sich den Herausforderungen unserer Zeit zu stellen. Raketen, Panzer und Kampfansagen helfen dabei nicht. Die Welt gehört nicht den Kriegstreibern allein.

Die Reise mit all ihren Herausforderungen, Höhen und Tiefen hat meine Erwartungen eindrucksvoll bestätigt: Die Menschen sind gut.

DANK

Dass dieses Buch überhaupt entstehen konnte, verdanke ich meinen beiden Söhnen Philip und Imo und meiner Familie, die mit stoischer Ruhe all meine Abenteuer über sich ergehen lassen.

Ein herzlicher Dank geht an meine liebe Nachbarin Brigitte Schäfer, die sich immer wieder so fürsorglich der Katzenschar annimmt, die Blumen gießt und die Post versorgt.

Meinem absolut zuverlässigen Vertreter bei den Aufgaben der Ortsvorsteherin Dieter Hartmann und auch dem ganzen kompetenten Team des Ortsbeirats möchte ich Danke sagen. Und nicht zuletzt unserem Bürgermeister von Sontra und seinen Stadtteilen, Thomas Eckhardt, der dem ganzen Treiben in Ruhe zuschaut und der Thurnhosbach trotz meiner häufigen Abwesenheit immer in guten Händen weiß.

Dank an die unzähligen Menschen unterwegs, die mir geholfen haben, mein Motorrad wieder aufzustellen, wenn es umgefallen ist, die Kette wieder aufzuziehen, wenn sie am Berg abgesprungen ist, die Inspektion und Ölwechsel machten, mir Wasser gaben, wenn ich Durst hatte, und ein Bett, wenn ich müde war. Die mir ihre Geschichten erzählten und es mir so ermöglichten, diese an die Leserinnen und Leser weiterzugeben. Die große Gastfreundschaft in Zentralasien ist etwas, das die Menschen dort so wundervoll macht und die Begegnung mit ihnen zu einer großen Freude.

Dank gebührt auch den vielen Bikern und anderen Fernreisenden, die mit Fahrrad, Campingtruck oder gar zu Fuß unterwegs waren, sich mit mir austauschten, mich unterwegs grüßten und mir so ihre Verbundenheit zeigten. Unseren kompetenten Fahrern und Guides Shamil in Tadschikistan sowie Berg-Badachschan und Ali im Iran, die das Filmteam sicher und zuverlässig durch alle Unwegsamkeiten geleiteten.

Florian, der mit dem Fahrrad von Deutschland aus in den Pamir aufgebrochen war und mit dem ich mich über den Terroranschlag auf Reisende im Pamir habe austauschen können. Heiko, einem meiner „Verfolger", der mit seinem Freund auf dem Motorrad die gleiche Strecke reiste wie ich, mich aber nie einholte. Wieder zu Hause angekommen, haben wir uns dann getroffen. Ein toller Typ!

Großen Dank an die Menschen zu Hause, die Anteil nahmen an meiner Reise auf meinem Blog, ihre Rückmeldungen haben mich berührt.

Daniel Rintz, dem sehr erfahrenen Motorradweltreisenden, für seine mentale Begleitung und die hilfreichen Tipps für unterwegs, und dem äußerst sympathischen Christian Vogel, der als Motorradweltreisender fast so oft mit der Maschine umgefallen ist wie ich und mich damit überaus zufrieden macht. Beide Biker haben Filme herausgebracht über ihre Reisen, die absolut sehenswert sind („Somewhere else tomorrow" und „Egal, was kommt").

Ich möchte mich bedanken beim Motorradpfarrer Ralph Beyer und den Bikern, die mich an der Autobahnabfahrt Herleshausen in Empfang nahmen und gemeinsam mit meinem Kollegen Rigo und den Senioren aus dem Seniorenforum Eschwege nach Hause begleiteten.

Herzlichen Dank an die Thurnhosbächer, die mich auf so liebe Weise willkommen hießen und die Gäste und mich aufs Beste bewirteten. So war das Nachhausekommen ein bisschen erträglicher.

Ich danke dem Filmteam, meinen beiden lieben Freunden Johannes Meier und Paul Hartmann, deren großer Verdienst es ist, dass all die vielen eindrucksvollen Bilder entstanden sind. Philip Laubach, der sich mit großem Engagement und ohne Zögern darauf eingelassen hat, dieses Buch im DuMont Reiseverlag zu veröffentlichen, und Titus Arnu, meinem echt starken Co-Autor, der mich beim Erzählen und Schreiben immer wieder zum Lachen gebracht hat mit seinen witzigen Bemerkungen. Du bist echt der Hammer!

MARGOT FLÜGEL-ANHALT

wurde 1953 in Tuttlingen geboren. Schon als Kind war sie am liebsten draußen, auf den Donauwiesen und in den tiefen Wäldern der Schwäbischen Alb. In ihrer Jugend brach sie oft auf, in Richtung Bodensee oder zu Open-Air-Musikfestivals in Heidelberg und Amsterdam.

Mit 18 zog sie nach Freiburg und studierte Sozialpädagogik, 1976 nach Berlin-Kreuzberg.

13 Monate lang ließ sich Margot Flügel-Anhalt durch das Casablanca der 1980er-Jahre treiben. Sie war zweimal verheiratet und hat zwei Söhne. Bei Familienreisen quälten sie am DDR-Grenzübergang Freiheitsfantasien: Loslaufen! Irgendwohin! Mit einem alten umgebauten Opel-Blitz-Postbus zog die Familie im Oktober 1985 los, verbrachte den Winter an der Algarve und kam erst im Frühjahr 1986 zurück. Als Flügel-Anhalt im „Stern" einen Artikel über den Jakobsweg entdeckte, fasste sie den Plan, diesen irgendwann selbst zu gehen. Von 2007 bis 2012 wanderte sie in mehreren Abschnitten von Eisenach nach Santiago de Compostela und Finis-

terre, 2013 den Europäischen Fernwanderweg 1 von Konstanz zum Lago Maggiore, 2014 bis 2015 den E 3 von Thurnhosbach in Hessen bis Bardo in Polen. Am 26. Mai 2018 brach sie mit einer Honda XR 125 L zu ihrer 18.000 Kilometer langen Reise durch Zentralasien auf. Was sie bei ihren Reisen antreibt? „Freiheit der Gedanken, der Person in ihren festgelegten Rollen und des Geistes." Die Zusammenarbeit mit ihrem Co-Autor Titus Arnu empfand sie als sehr angenehm: „Er ist nicht nur sehr kompetent, er ist auch überaus witzig. Was aber am meisten für mich zählt, sind seine hohe Zuverlässigkeit und seine stringente Arbeitsfähigkeit."

··► **TITUS ARNU**

wurde 1966 in Laufenburg (Schweiz) geboren. Er wuchs in der Nähe von Basel auf, zusammen mit drei Geschwistern. Schon als Kind war er immer gerne draußen – im Wald, auf dem Hochrhein beim Rudern, beim Rennradfahren durch den Südschwarzwald und im Winter zum Skifahren in der Schweiz. Er studierte in München Journalistik und Vergleichende Literaturwissenschaft, besuchte die Deutsche Journalistenschule und schrieb für die „Süddeutsche Zeitung", „Spiegel", „Mare", „Natur" und „Geo". Er verfasste mehrere Bücher, darunter die Reihe „Übelsetzungen", die zum Bestseller wurde. 2016 reiste er mit dem Fotografen Enno Kapitza in ein abgelegenes Tal in Nepal und schrieb das Buch „Tsum – eine Himalaya-Expedition in das Tal des Glücks". Arnu bereiste alle Kontinente (bis auf die Antarktis) und fühlt sich besonders in Bergregionen wohl. Er bestieg mehrere Viertausender in den Alpen, sowohl im Sommer als auch im Winter mit Tourenski. Was ihn beim Reisen und Bergsteigen antreibt: „Über den Dingen stehen und andere Perspektiven gewinnen." Mit Margot Flügel-Anhalt verstand er sich auf Anhieb – sie ist für ihn eine Schwester im Geiste, mit der er ebenso gut ernsthafte Themen besprechen wie herzlich lachen kann.

VON EINER, DIE FÄHRT, UND EINEM, DER FILMT

EIN MAKING-OF VON „ÜBER GRENZEN" –
DEM FILM EINER LANGEN REISE

Von Johannes Meier

„Und das Handy bitte immer quer halten, wenn du filmst!" – Paul sitzt auf der Eckbank an Margots Küchentisch und bildet sie zur Videoreporterin aus. Vor den beiden türmt sich ein kreatives Durcheinander aus USB- und Klinkenkabeln, Ministativ, Ansteck- und Richtmikrofon, Powerbank und SD-Cards. „Wieso quer?" – „Weil Hochkantvideos immer doof aussehen, dein Fernseher hat ja auch kein Hoch-, sondern eben Querformat!" – „Und wie komme ich in den Selfie-Modus?" – Paul erklärt geduldig.

Ich filme die beiden. Am liebsten würde ich immer weiter filmen. Mit einer richtigen Kamera und immer schön in 16:9. Aber das geht leider nicht: Über vier Monate wird Margots Reise durch Zentralasien dauern – so viel Zeit haben vielleicht frischgebackene Rentnerinnen, nicht aber Pfarrer wie ich, die nebenbei freiberuflich noch Filme machen. Also wird Margot übermorgen ohne mich und meinen Filmassistenten Paul auf ihre Reise gehen. Dann wird sie lange Wegstrecken ihrer Tour gen Osten irgendwie selbst filmen müssen. Mit dem Handy und immer schön im Querformat bitte. Erst in ein paar Wochen wollen wir sie wiedertreffen. Meinen Sommerurlaub werde ich dann mit der Filmkamera im Pamir-Gebirge verbringen. Jedenfalls sofern alles gut geht und es Margot und die kleine Honda überhaupt so weit schaffen.

„Falls du was in die Handykamera erzählen willst, schließ bitte auf jeden Fall immer das Ansteckmikrofon an", gibt Paul weitere Anweisungen. „Wo denn?" – „Hier, einfach in die Kopfhörerbuchse, die funktioniert auch als Mikroeingang." – „Echt?" – „Ja, los, sag mal was!" – „Was soll ich denn sagen? Test! Hallo? Test, eins, zwei, Test!" – Drei Jahre lang wurde Paul zum Mediengestalter Bild & Ton ausgebildet, ich selbst mache seit über 15 Jahren Filmbeiträge und Reportagen fürs Fernsehen. Margot soll das alles jetzt in nicht einmal zwei Stunden lernen.

Wieso haben wir nicht früher angefangen? Von ihren verrückten Reiseplänen hatte ich ja schon vor Monaten gehört. Damals steckten wir mitten in einer Produktion mit unserem Amateurtheater in Eschwege, ich führte Regie und übernahm zugleich die Rolle des Tim. Margot spielte meine Mutter. Eine, die sich ständig Sorgen macht und es nicht ertragen kann, dass Tim als Arzt weit weg in Afrika arbeitet. Im richtigen Leben kümmerte sich Margot derweil um ihre Visa für Tadschikistan oder den Iran und plante eine Motorradweltreise, ohne je einen Motorradführerschein gemacht zu haben.

„Immer wenn du durch interessante Gegenden kommst, drückst du einfach hier drauf!" – Am Lenker der Honda hat Paul gleich neben dem Kupplungshebel eine Fernbedienung angebracht. Damit kann man die GoPro-Kamera auslösen, die wir vorhin auf Margots Helm geklebt haben. Sie schaut sich alles interessiert an und macht sich Notizen. Das klappt nie und nimmer, denke ich, während ich die Szene filme …

Von einer, die fährt, und einem, der filmt

Am Tag von Margots Abreise fängt es an zu nieseln. Paul drängt zum Aufbruch: „Wenn's erst richtig regnet, kann ich die Drohne nicht starten!" – Auch Margot will endlich los, aber heute nur bis Gera. „Wow, Gera, Hut ab!", scherzen wir. „Was ist schon der Pamir gegen Gera? Wenn du erst mal Gera geschafft hast, dann kann dich gar nichts mehr schrecken! Was soll danach noch schiefgehen!?" – Und dann rollt Margot langsam die steile Hofeinfahrt hinunter. Ihr Sohn Philip winkt. Paul lässt die Videodrohne aufsteigen. Ich filme vom Stativ. Und Margot fährt einfach davon.

Einen Tag später erreicht mich ein erstes Video via WhatsApp. Margot steht mit gelber Warnweste auf dem Standstreifen einer Autobahn und filmt sich selbst. Ohne Ansteckmikrofon! Hochkant! Ihre Honda sei einfach ausgegangen und liegen geblieben, brüllt sie gegen den Verkehrslärm in die Handykamera. Und sie werde jetzt vom ADAC in die nächste Werkstatt gebracht. Übrigens, kein Scherz: nach Gera.

Margots Zwangspause nutzen wir für eine Fortsetzung ihrer Videoausbildung. Und nicht nur die Reparatur der Honda, auch unser Ferncrashkurs zeigt Wirkung: Fortan landen tatsächlich nur noch Querformatvideos in der Cloud, in die sie ihre Aufnahmen von unterwegs für uns hochladen kann. Und manchmal sind sie sogar mit Ansteckmikrofon aufgenommen. Überhaupt: Margot kommt gut voran, sie hält ihren Zeitplan ein, die Honda läuft rund. Unsere Drehreise ins Pamir-Gebirge rückt immer näher.

„Gleich hinterm Esel rechts." – So lautet die Wegbeschreibung, die uns Margot zusammen mit einem hübschen Porträtfoto des Vierbeiners aufs Handy geschickt hat. Jetzt stehen wir mit unserem alten Landcruiser auf der Hauptstraße von Sarytasch und halten nach Langohren Ausschau, die dem freundlichen Gesicht auf dem Bildschirm ähneln. Es dämmert. Gut anderthalb Tage haben wir mit Zwischenlandungen in Istanbul und Bischkek bis nach Kirgistan gebraucht. Margot ist nun schon rund zwei Monate unterwegs. In Osch hat uns Sham mit seinem Geländewagen vom Flughafen abgeholt und wollte sofort im Voraus bezahlt werden. Es folgte eine wilde Odyssee vorbei an sämtlichen Geldautomaten der Stadt. Die meisten mochten unsere Kreditkarten nicht oder spuckten nur wenige Scheine aus. Am Ende reichte das Geld immerhin fürs Volltanken und den ersten Teil der Etappe. Irgendwann später, jenseits der Berge, würde es mehr Geldautomaten geben, vertröstete Sham uns und sich selbst. „Dort hinten leuchtet etwas!" – Am Ortsrand von Sarytasch rumpeln wir jetzt über Feldwege dem kleinen Licht und einem windschiefen Holzhaus entgegen. Davor steht Margot und schwenkt ihre Handytaschenlampe. Ich filme.

Wir erwachen vor einem unwirklich schönen Gebirgspanorama. „Jetzt bin ich scharf drauf, endlich zur tadschikischen Grenze zu fahren, ich bin fit, es kann losgehen!", sagt Margot in meine Kamera. Paul lässt die Drohne fliegen, Sham wartet im Auto, die Honda rollt auf den Pamir Highway. Eine Viertelstunde später stürzt Margot das erste Mal. Eine große Schlammpfütze hat sie zu Fall gebracht. Drei Männer springen aus dem Auto, zwei helfen, einer greift zur Kamera. Es fühlt sich nicht gut an, in solch einer Situation auf den Auslöser zu drücken und nicht mit anzupacken. Paul und Sham helfen, das Motorrad aufzurichten. Margot geht es gut. Ich filme.

Bei allem, was nun folgt, wird es bei dieser Rollenverteilung bleiben. Wir haben uns vorgenommen, einen Film über Margots Reise zu drehen, da muss die Kamera laufen, auch und gerade in schwierigen und herausfordernden Momenten. Wir sprechen kaum darüber, es ist einfach klar. Margot macht mir keine Vorwürfe, wenn ich in Stresssituationen das Objektiv auf sie richte. Wir sind Freunde und jetzt auch Reisegefährten, wir vertrauen einander. Nur so lassen sich die kommenden Tage trotz Kälte und Regen, trotz Schlammpisten und weiterer Stürze, trotz heftiger

Von einer, die fährt, und einem, der filmt

Kopfschmerzen auf über 4000 Meter Höhe miteinander aushalten. Nur so gelingen am Ende Filmaufnahmen, die mehr zeigen als bloß beeindruckende Landschaften und irgendeine mutige Motorradfahrerin auf der Piste. Margot lässt Nähe zu, will nicht immer „gut aussehen", hat keine Angst vorm Scheitern, lässt auch Schwäche zu. Dafür bin und bleibe ich ihr sehr dankbar, als Freund wie als Filmemacher.

Ein knappes halbes Jahr später klingelt mein Handy. Wann sie denn den Film über Margots Reise zeigen könne, will eine fremde Frauenstimme wissen. Ich habe keine Ahnung. Es gibt gar keinen Film, sage ich, nur jede Menge Rohaufnahmen. Woher sie denn überhaupt wisse, dass ... Aber in dem Artikel, in dem kürzlich die Lokalzeitung über diese Reise berichtet habe, sagt die Frau, sei doch von einem Filmteam die Rede gewesen, das Frau Flügel-Anhalt begleitet habe, da müsse es doch jetzt also einen Film geben. Und den wolle sie sehr gerne in ihrem Kino in Eschwege zeigen! – Im Kino? Jetzt bloß nichts Falsches sagen, denke ich. Im Kino! Ich mache mich an die Arbeit ...